Paul Nikolaus Cossmann

Elemente der empirischen Teleologie

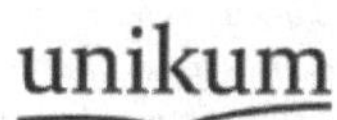

Paul Nikolaus Cossmann

Elemente der empirischen Teleologie

ISBN/EAN: 9783845744872

Erscheinungsjahr: 2012

Erscheinungsort: Bremen, Deutschland

www.unikum-verlag.de | office@unikum-verlag.de

Paul Nikolaus Cossmann

Elemente der empirischen Teleologie

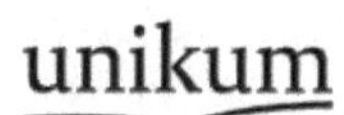

Elemente

der

Empirischen Teleologie.

Von

Paul Nikolaus Cossmann.

Stuttgart.
A. Zimmer's Verlag (Ernst Mohrmann).
1899.

Inhaltsübersicht.

Zweiter Teil.

Die Methoden zur Erforschung der teleologischen Naturgesetze.

Elemente der Empirischen Teleologie.

Qui de Natura tamquam de re explorata pronuntiare ausi sunt, sive hoc ex animi fiducia fecerint, sive ambitiose & more professorio, maximis illi Philosophiam & Scientias detrimentis affecere.

BACON, Novum Organum. Praefatio

Einleitung.

ÜBER DEN GEGENSTAND

DER

ERFAHRUNGSWISSENSCHAFTEN

IM

ALLGEMEINEN.

§ 1.

Gegenstand der Erfahrungswissenschaften.

Gegenstand der Erfahrungswissenschaften sind die notwendigen Zusammenhänge im Sein und Werden der Dinge, der physischen wie der psychischen. Nicht einzelne Thatsachen, auch nicht das zufällige Nebeneinander und Nacheinander bilden das Objekt der wissenschaftlichen Forschung. Jene notwendigen Zusammenhänge nennt man auch Naturgesetze; die Subsumption eines Thatbestandes unter ein Gesetz heisst Erklärung des Thatbestandes, die Subsumption eines Gesetzes unter ein allgemeineres Gesetz heisst Erklärung des spezielleren Gesetzes. Es sind also nur verschiedene Ausdrücke für den selben Gedanken, wenn wir die Aufgabe der Erfahrungswissenschaften dahin bestimmen: dass sie die Erkenntnis notwendiger Zusammenhänge oder von Naturgesetzen anstreben, oder dass sie die Natur erklären wollen.

Diese Bestimmung der Aufgabe aller theoretischen empirischen Wissenschaft steht in scheinbarem Gegensatze zu einem Teile der neueren Forschung. KIRCHHOFF gab am Eingange seiner Mechanik die berühmte Bestimmung, die Mechanik habe „die in der Natur vor sich gehenden Bewegungen vollständig und auf die einfachste Weise zu beschreiben“; und andere haben sich ihm angeschlossen, jene Definition dahin verallgemeinernd, dass die empirischen Wissenschaften überhaupt die Aufgabe hätten, vollständige und einfachste Beschreibungen zu liefern. Hier haben wir also ein anderes Ziel der wissenschaftlichen Forschung, und zwar eines, welches voraussetzungslose Einzelwissenschaften verheisst; Coexistenzen und Successionen bilden deren Objekt; sie sind zu beobachten, zu beschreiben, in vereinfachter Weise zu beschreiben. Der Begriff des notwendigen Zusammenhanges wäre demnach zum Zustandekommen einer wissenschaftlichen Erfahrung nicht erforderlich.

Kirchhoff's Ausspruch, der sicherlich viel Verführerisches hat, den bescheidenen Verzicht des exakten Forschers auf das, was der vulgäre Sprachgebrauch „erklären“ nennt, trefflich zum Ausdrucke bringt und wohl nur als Protest gegen diese Art von Erklärungen gemeint ist, steht wörtlich genommen in Widerspruch zu den Voraussetzungen und Methoden der Wissenschaft und daher auch Kirchhoff's. Kirchhoff ist natürlich weit davon entfernt, die Beschreibungen etwa des Botanikers methodisch auf eine Stufe zu stellen mit den von ihm so genannten Beschreibungen des Mechanikers; er meint offenbar nur, dass auch diese nicht etwas „hinter“ den Phänomenen Liegendes, sondern ebenso wie die der botanischen Systematik die Phänomene selber zu behandeln haben; und dass auch sie nicht von der Erfahrung unabhängige Einsicht in den Zusammenhang der Erscheinungen, etwa in das Hervorgehen der Wirkung aus der Ursache, gewähren; aber beiderlei Beschreiben, das der Botanik und das der Mechanik, für die gleiche methodische Funktion zu erklären, konnte nicht die Tendenz des vielberufenen Ausspruches sein. Es ist also im Grunde ein Streit um Worte, ob man zum Beispiele die Fallgesetze als Beschreibungen bezeichnen sollte oder als Erklärungen; wenn man sie Beschreibungen nennt, dann muss man sie als Beschreibungen im engeren Sinne oder vereinfachte Beschreibungen von den bisher als deskriptiv bezeichneten Gesetzmässigkeiten, den nicht vereinfachten Beschreibungen, unterscheiden.

Eine ähnliche Auffassung der Kirchhoff'schen Definition hatte Paul du Bois Reymond (Über die Grundlagen der Erkenntnis in den exakten Wissenschaften, 1890, Seite 13 ff.), der auch darauf hinweist, dass Kirchhoff selber auf jene Stelle des Vorwortes zur Mechanik nicht wieder zurückgekommen ist. Du Bois Reymond sieht den Vorzug der Kirchhoff'schen Ausdrucksweise darin, dass sie der „falschen Vorstellung einer vollständigen Erklärung der Erscheinungen keinen Vorschub leistet. Allein“, so fährt er fort, „sie sagt meines Erachtens denn doch wieder zu wenig. Mit dem Worte „beschreiben“ bezeichnet man durchaus nicht das, was die mechanische Forschung thatsächlich und vernünftigerweise von alters her bis auf den heutigen Tag als Ziel sich setzt und wohl auch fernerhin sich setzen wird. Jedenfalls wäre es nur eine höchst gezwungene Anwendung des Wortes.“

Dass die so definierte Wissenschaft an der unserer Erfahrung gegebenen Welt ein geeignetes Objekt habe, das heisst, dass diese Welt eine Welt notwendiger Zusammenhänge sei, ist Voraussetzung aller empirischen Forschung: die gesamte innere und äussere Erfahrung, betrachtet mit dem Glauben an notwendige Zusammenhänge — Naturgesetze — ist Gegenstand der Erfahrungswissenschaften. Es ist klar, dass die Einzelwissenschaften, sofern sie in diesem Sinne Wissenschaften sind, ohne den so zu sagen mitgebrachten Glauben an notwendige Zusammenhänge nicht möglich sind; denn die Erfahrung zeigt ihnen gewisse Regelmässigkeiten der Coexistenzen und Successionen, aber dass eine Erscheinung mit einer anderen „zusammenhängt“, „von ihr abhängt“, „durch sie bestimmt wird“, „aus ihr entsteht“, „sich aus ihr gesetzmässig entwickelt“, ja dass ein derartiges Verhältnis überhaupt möglich ist, das vermag eine Einzelwissenschaft nicht zu beweisen: sie setzt es voraus. Wir stehen hier vor der Grundhypothese der Erfahrungswissenschaften, einer Hypothese, die sich von anderen dadurch unterscheidet, dass sie ihrem Wesen nach immer Hypothese bleiben muss.

Giebt es notwendige Zusammenhänge, so muss ein Glied eines solchen Zusammenhanges existieren beziehungsweise eintreten, wann die übrigen vorliegen. Mit anderen Worten: herrscht Notwendigkeit im Naturlaufe, so können zu beobachtende Gleichmässigkeiten eine Folge von ihr sein.

Nicht etwas Primäres, nicht das aller wissenschaftlichen Induktion zu Grunde liegende Axiom, wie John Stuart Mill (Logik, Buch III, Kapitel 3) sagt, ist der Satz von der Gleichförmigkeit des Naturlaufes, sondern eine Folgerung aus der Notwendigkeit des Naturlaufes. Wäre ein einziges Mal ein Stein zur Erde gefallen, so wäre sein Fallen ebenso naturgesetzlich, als wenn unzählige Male gleiche oder ähnliche Erscheinungen stattfinden; mag der Mensch hingeleitet worden sein oder nicht hingeleitet worden sein zur Erkenntnis der Fallgesetze durch vergleichende Beobachtung: nachdem er einmal die Gesetze gewonnen hat, sieht er in der einzelnen Gesetzmässigkeit das Gesetz und in dem wiederholten Eintreten der Gesetzmässigkeiten nur eine Folge des wiederholten

Eintretens gleicher oder ähnlicher Bedingungen; denkbar wäre ein Naturlauf, der in jedem Momente etwas völlig Neues brächte, so dass von Gleichförmigkeit nicht die Rede sein könnte — an seiner Gesetzmässigkeit würden wir darum doch nicht zweifeln. Wir würden sagen: die Erscheinungen stehen in notwendigem Zusammenhange, ob nun ähnliche Erscheinungen wiederkehren oder nicht; und wenn die gleichen Bedingungen wiederkehrten, dann würden sie gleiche Folgen haben; eine bedingte, potentielle Gleichmässigkeit liegt immer vor, wenn ein Gesetz vorliegt; ob sie zu einer aktuellen werde oder nicht, das ist dem Gesetze nicht wesentlich. In unserer thatsächlichen Erfahrung herrscht vielfach Gleichmässigkeit oder wenigstens Regelmässigkeit; sie mag zur Bildung des Begriffes von Naturgesetzen geführt haben oder nicht: was historisch das Erste war, braucht nicht für die Erkenntnis das Erste zu sein. In unserer gegenwärtigen Erkenntnis ist jedenfalls der Begriff des Gesetzes, der potentiellen Gleichmässigkeit das Erste; aus ihm ergiebt sich logisch die aktuelle Gleichmässigkeit als Zweites, während nie und nimmer umgekehrt aus der Gleichmässigkeit allein ein Gesetz folgen würde. Das Gesetz enthält den anempirischen Begriff der Notwendigkeit, den keine Einzelbeobachtung zu liefern vermag; haben wir aber den Begriff des Gesetzes gefasst, dann werden uns viele — nicht alle — zu beobachtenden Gleichmässigkeiten verständlich als Folgen der Gesetze.

§ 2.

Vorurteilslosigkeit.

Wer sich der gegebenen Definition der wissenschaftlichen Aufgaben anschliesst, hat damit eine Anzahl weiterer Merkmale zugegeben, die als ‚Vorurteilslosigkeit‘ zusammengefasst werden können. Jede aprioristische Einschränkung von Materie und Form der notwendigen Zusammenhänge überschreitet das Minimum von Voraussetzungen, welche die Wissenschaft machen muss. Stellen wir uns einen Menschen vor, der den erlebbaren Eindrücken gegenübersteht, ohne den Begriff des notwendigen Zusammenhanges fassen zu können, dann erkennen wir, dass ein solcher der wissenschaftlichen Betrachtungsweise nicht fähig ist; einer, der bereits Urteile über die notwendigen Zusammenhänge, welche er finden wird, mitbringt, ist ein vorurteilsvoller Denker. Vorurteile können ihren Gründen nach mannigfacher Art sein; wir werden uns mit diesen Gründen bei Analyse der jetzt dominierenden Philosophie der Wissenschaft zu beschäftigen haben; hier sollen die Vorurteile ihrem Gegenstande nach klassifiziert werden. Zunächst ist Vorurteilslosigkeit in Beziehung auf die Materie der notwendigen Zusammenhänge zu verlangen: Physisches, Psychisches und Psychophysisches, Lebendes und Lebloses ist auf notwendige Zusammenhänge zu untersuchen, nach Regeln, deren Angabe Sache der Methodenlehre ist. Man hat zu Zeiten das Gebiet der Erfahrungswissenschaften einschränken wollen, zum Beispiel auf die Körperwelt; es darf jedoch gesagt werden, dass es jetzt kein der Erfahrung zugängliches Gebiet mehr giebt, das die wissenschaftliche Forschung nicht bereit wäre, zu betreten.

Aber ein Gleiches sollte auch von der Form der Zusammenhänge gelten. Auch hier sollte die Erfahrung die einzige Lehrmeisterin sein; zeigt sie ein Coexistieren oder Succedieren von Erscheinungen, welches als zufällig nicht betrachtet werden kann, so ist zu untersuchen, welcher Art diese Coexistenz oder Succession ist, nicht aber von vornherein zu proklamieren, welcher Art sie sein müsse. Die Mathematik, welche auf ihren Gebieten alle Möglichkeiten zu erschöpfen und zu prüfen bestrebt ist, sollte hierin den Erfahrungswissenschaften vorbildlich sein, und sie sollte auch die Hilfsmittel zur Prüfung der Möglichkeiten liefern; wo es sich darum handelt, ob ein Zusammenhang vorliege oder nicht, hat jede der beiden Möglichkeiten eine gewisse Wahrscheinlichkeit, die festzustellen Aufgabe der Erfahrungswissenschaften ist. Der wirklich vorurteilslose Denker wird — ich spreche natürlich hier einen fiktiven Fall aus — falls Veränderungen im Seelenleben eines Erdbewohners öfters begleitet wären von Vorgängen auf einem anderen Planeten, prüfen, ob es wahrscheinlich ist, dass dieses Zusammentreffen ein zufälliges sei; einem — gleichfalls fingierten — übermenschlichen Verstande könnten die Zusammenhänge im Naturlaufe in der Weise bekannt sein, dass er aus Daten, die für uns völlig unzureichend zu Schlüssen wären, andere Thatsachen erschliessen könnte; welcherlei Zusammenhänge uns bekannt werden können, ist ohne Vorurteil nicht vorauszusagen; zutrauen sollten wir der Natur jede beliebige Ordnung.

Dass dies häufig nicht geschieht, dürfte unter Anderem in einer falschen Analogie zu mathematischen Verhältnissen begründet sein. Es stelle in umstehendem Schema zunächst a a_1 a_2 . . . eine

$$\begin{array}{cc} a & b \\ a_1 & b_1 \\ a_2 & b_2 \\ a_3 & b_3 \\ \cdot & \cdot \\ \cdot & \cdot \\ \cdot & \cdot \end{array}$$

arithmetische Reihe mit dem uns bekannten Anfangsgliede a und der uns bekannten Differenz d dar; b b_1 b_2 . . . eine geometrische Reihe mit dem uns bekannten Anfangsgliede b und dem uns bekannten Quotienten e; in diesem Falle können wir die Beziehungen zwischen einem beliebigen Gliede der einen Reihe und einem beliebigen Gliede der anderen aus den uns bekannten Grössen berechnen. Wie aber, wenn a a_1 a_2 . . . und b b_1 b_2 . . . zwei uns bekannte Thatsachenzusammenhänge sind? Werden wir auch hier das Verhältnis eines beliebigen Gliedes der einen Reihe zu einem beliebigen Gliede der anderen Reihe erschöpfend darstellen können? Wäre es nicht möglich, dass zwischen a_{11} und b_{12}, a_{12} und b_{13} ein gesetzmässiger Zusammenhang besteht, den wir aus den uns bekannten Zusammenhängen nicht erschliessen können? Sofern man unter Zusammenhängen, Abhängigkeitsverhältnissen, zwischen Erscheinungen nichts Anderes versteht, als dass die eine Erscheinung zu der anderen notwendig in dem und dem zeitlichen Verhältnisse steht, sofern man nicht dem Begriffe des notwendigen Zusammenhangs irgend welche räumliche, zeitliche oder sonstige Einschränkungen auferlegt, kann man allerdings über die zu findenden Arten von Zusammenhängen gar nichts präjudizieren. Während also der Mathematiker nicht etwa das hundertste Glied der einen Reihe und das tausendste Glied der anderen bilden wird, um durch den Augenschein zu prüfen, ob er nicht vielleicht eine neue Beziehung zwischen ihnen entdecken werde, während er aus seinen Daten — den Anfangsgliedern, der Differenz, dem Quotienten — die Beziehungen innerhalb je einer der beiden Reihen und zwischen den beiden Reihen erschöpfend darzustellen vermag, sind wir in den empirischen Wissenschaften in einer gänzlich anderen Lage; es giebt keinen Grund, weshalb wir nicht zwischen Gliedern der einen uns bekannten Zusammenhangskette oder auch zwischen Gliedern der einen und Gliedern der anderen Zusammenhänge finden könnten, über die uns keine Berechnung sondern nur die Erfahrung belehren kann. Welche Arten von Zusammenhängen in der psychischen, der physischen Welt und zwischen der einen und der anderen Welt bestehen, das sagen dem vorurteilslosen Denker die Thatsachen der Erfahrung und ihre methodische Verwertung. Es soll hier nicht behauptet werden, dass es n verschiedene Formen von notwendigen Zusammenhängen in der Wirklichkeit gebe; aber wenn es sie gäbe, dann wäre es eine unabweisbare Konsequenz aus der Eingangs aufgestellten Definition des Objekts der Erfahrungswissenschaften, die Untersuchung der *n* Arten von Zusammenhängen als die Aufgabe der empirischen Wissenschaften zu betrachten. Zur Erkenntnis dieser Möglichkeit müssen wir uns erheben, wenn wir die Welt mit dem Voraussetzungsminimum wissenschaftlich erforschen wollen.

Auch in diesem Sinne vorurteilslos, auf rein analytischem Wege, nach dem gegenwärtigen Stande der Wissenschaft und vom realistischen Standpunkte der naturwissenschaftlichen Einzeldisziplinen aus, die in der lebenden Natur herrschenden Gesetze zu untersuchen, und aus dem Resultate der Untersuchung sichere Methoden zur Weiterentwicklung der biologischen Wissenschaften zu erschliessen, ist die Aufgabe dieses Buches.

ERSTER TEIL.

DIE

TELEOLOGISCHEN NATURGESETZE.

„Man suche nur nichts hinter den Phänomenen; sie selbst sind die Lehre."

GOETHE, Über Naturwissenschaft im Allgemeinen.

I. Kapitel.

Die kausale Naturordnung.

§ 3.

Analyse der gegenwärtigen Erfahrungswissenschaften.

Es wurde zu Beginn der Untersuchung die wissenschaftliche empirische Forschung als Spezialfall der empirischen Forschung überhaupt bezeichnet: als solche empirische Forschung, die notwendige Zusammenhänge festzustellen sucht. Jetzt fragen wir, welcher Art die von den Erfahrungswissenschaften gegenwärtig untersuchten Zusammenhänge seien. Dass der Begriff Wissenschaft während der letzten Jahrzehnte von allen, die ihn im strengen Sinne und nicht im Sinne einer Gruppe von Kenntnissen verstehen, nur mehr auf die Annahme einer einzigen Art von Naturgesetzen aufgebaut ist, und welche Art dieses sei, dass nämlich auch da, wo zunächst nicht Kausalgesetze gefunden werden, die weitere Forschung solche ergeben wird und dass sie es sind, die jede andere Art von Gesetzmässigkeit erzeugen, wird von den Theoretikern der verschiedenen Gebiete mit solcher Einhelligkeit angenommen, dass Grundlage und Ziel der modernen Wissenschaftstheorie hier in aller Kürze dargestellt werden können; es soll mit dieser Darstellung etwas Neues über die gegenwärtig herrschende Theorie nicht gesagt, sondern nur Allbekanntes zusammengefasst werden.

Die Methode, welche wir anwenden wollen, um das Ziel der gegenwärtigen Erfahrungswissenschaften zu ermitteln, ist die analytische; ausgehend von einem Überblick über die einzelnen Erfahrungswissenschaften, zunächst über die beschreibenden, dann über die erklärenden, suchen wir die Form der von ihnen angestrebten Erkenntnisse festzustellen. Zuvörderst haben wir also zu fragen: was ist für die beschreibenden Wissenschaften das Objekt der Beschreibung? Wenn es irgendwo dreissig völlig gleiche, etwa von demselben Baumeister gebaute Häuser giebt, so würden diese Häuser uns eine ‚Regelmässigkeit der Coexistenz‘ zeigen; und es wäre demjenigen, der die Einrichtung eines der Gebäude studiert hätte, möglich, mit Sicherheit Urteile über die Beschaffenheit der neunundzwanzig anderen zu fällen, welche er nie gesehen hat. Auch eine Regelmässigkeit des Naturlaufes, dieses Mal eine ‚Regelmässigkeit der Succession‘ zeigen Abfahrt und Ankunft der Züge auf einem Bahnhofe. Dennoch wird niemand die Beschreibung jenes Hauses, wird niemand den Eisenbahnfahrplan für wissenschaftliche Darstellungen, für Leistungen der beschreibenden Wissenschaft halten. Es fehlt diesen Regelmässigkeiten der Coexistenz und Succession die Notwendigkeit: im ersten Falle besteht kein notwendiger Zusammenhang zwischen Kubikinhalt des Gebäudes, Zahl der Treppenstufen, Höhe der Zimmer, und es könnte ein Haus existieren, das in allen übrigen Punkten die gleiche Beschaffenheit zeigte, aber in einem einzigen sich unterschiede; ebenso ist die Succession der Züge zwar an jedem Tage die gleiche und also regelmässig; aber es wäre wiederum möglich, dass eine Fahrordnung existierte, die in $n-1$ Punkten der unsrigen gliche, im $n$ten jedoch sich von ihr unterschiede; auch hier also besteht Regelmässigkeit, aber keine notwendige Regelmässigkeit, keine Gesetzmässigkeit.

Gesetzmässigkeiten der Coexistenz und Succession beschäftigen offenbar die sogenannten ‚Beschreibenden Wissenschaften‘. Die an einem Stücke Blei coexistierenden Qualitäten hält die beschreibende Chemie für notwendig coexistierende; sie ist sicher, dass ein Stück Materie, welches durch anderweitige Qualitäten zur Genüge als Blei ausgewiesen ist, auch in einer ferneren, noch ununtersuchten — etwa dem spezifischen Gewichte — allem übrigen Blei gleiche. Die beschreibende Physik schildert uns den Verlauf eines Gewitters nicht nur entsprechend den bisherigen Beobachtungen, sondern auch entsprechend dem notwendigen Verlauf künftiger Gewitter. Die Krystallographie lehrt nicht nur, dass die Kantenwinkel an den bisher gefundenen Quarzkrystallen immer die gleichen waren, sondern sie glaubt auch an einen notwendigen Zusammenhang zwischen der Krystallisationsweise des

Quarzes einerseits, seinen optischen und anderen Eigenschaften andererseits. Die genannten Wissenschaften verhalten sich zunächst beschreibend, aber ihre Beschreibung stützt sich auf die Überzeugung, dass die von ihnen gelehrten Gesetzmässigkeiten auf Kausalgesetzen beruhen, dass sie indirekt Kausalität zeigen; man könnte also die Aufgabe dieser Disziplinen als ‚Kausalbeschreibung‘ bezeichnen.

Die Beschreibungen der Zoologie und Botanik postulieren zwar im einzelnen Falle mit geringerer Wahrscheinlichkeit als die der Physik und Chemie notwendige Coexistenzen von Merkmalen, aber sie thun es bekanntlich gegenwärtig gleichfalls auf Grund der Kausalität. Nicht als zufällig werden die Übereinstimmungen im Bau der Angehörigen einer Spezies beschrieben, sondern als verursacht durch gleiche Abstammung, und die Übereinstimmungen zwischen verschiedenen Arten werden im grossen und ganzen gleichfalls durch die Abstammung erklärt; so verweisen uns Botanik und Zoologie an die Entwicklungsgeschichte und die Descendenzlehre. Die Beschreibungen der Physiologie stützen sich auf physikalische und chemische Gesetze; die der Pathologie setzen ebenfalls gleiche Verursachung voraus. Bei den sogenannten Missbildungen sind erstens nur einzelne Organe anomal, zweitens auch diese Organe in ihrer Bildung gewissen Gesetzen unterworfen, so dass nicht etwa ein Menschenherz in einem Fisch erscheinen oder eines Tages aus Apfelblüten Erdbeeren sich entwickeln könnten. Gründet sich die Überzeugung von einer organischen Gesetzmässigkeit auch zuweilen auf die Annahme anderer als ursächlicher Gesetze, so bildet diese Annahme jedenfalls bei den meisten Naturforschern keinen Teil ihrer Theorie der organisierten Materie.

Die Psychologie, deren wir am Schlusse dieses Überblickes über die beschreibenden Wissenschaften noch gedenken müssen, lehrt als deskriptive Psychologie gleichfalls Regelmässigkeiten, von deren Gesetzmässigkeit sie deshalb überzeugt ist, weil sie von ihrer gleichen Kausation überzeugt ist.

Alle diese Wissenschaften verlangen nicht, dass wir uns bei den von ihnen gelehrten Gesetzmässigkeiten als einem Letzten beruhigen; vielmehr verweisen sie uns an die sogenannten ‚Erklärenden Wissenschaften‘. So sollen die chemischen Eigenschaften des Bleis durch die theoretische Chemie erklärt werden; sie sucht in den Strukturverhältnissen der Elemente und Verbindungen die Ursachen für die Eigenschaften der Elemente und Verbindungen aufzuweisen, und die grosse

Bedeutung, welche LOTHAR MEYER's und MENDELEJEFF's Entdeckung beigemessen wird, dürfte vor allem auf die Hoffnung gegründet sein, dass das ‚Periodische System' der kausalen Erklärung der Wertigkeiten entgegenführe. Die Elektricitätslehre muss uns zeigen, worauf die Erscheinungen des Gewitters beruhen, deren Gesetzmässigkeit die nur beschreibende Naturkunde uns ohne Begründung kennen lehrte. Die Erklärungen, welche von den exakten Wissenschaften geliefert werden, sind alle gleicher Art: sie zeigen uns mit bestimmten Ursachen bestimmte Wirkungen verbunden; und auf der Überzeugung, dass die Regelmässigkeiten im Sein und Werden der leblosen Natur, welche Mineralogie, Geologie, Physik, Chemie, Krystallographie zunächst nur beschreiben, begründet sind in Kausalgesetzen, beruht die Überzeugung, dass nicht etwa einmal ein Stück Blei ein anderes spezifisches Gewicht haben, dass nicht einmal der Donner vor dem Blitz zu uns kommen könne. Kausalgesetze also sind es, die das Fundament der beschreibenden und den Gegenstand der erklärenden Wissenschaften bilden, soweit es sich um Lebloses handelt.

Die organischen Formen sucht man gleichfalls durch Angabe ihrer Verursachung zu erklären. Die grössere oder geringere Verwandtschaft zwischen den verschiedenen Formen will die Descendenztheorie auf ihre Ursachen zurückführen und die von HAECKEL Biogenetisches Grundgesetz genannte Hypothese, dass die ontogenetische Entwickelung die phylogenetische in abgekürzter Weise wiederhole, soll diese Zurückführung erleichtern. Die ganze Lehre von der Vererbung kann als Kausal-Lehre bezeichnet werden. — Die Vorgänge an den einzelnen Lebewesen ist die Physiologie bestrebt, physikalisch und chemisch zu verstehen; die Pathologie, für welche statt kausal die Bezeichnung ‚aetiologisch' gebräuchlich ist, stellt zunächst in den Krankheitserregern Teilursachen der pathologischen Zustände fest; letzten Endes wollen Pathologie und Physiologie die speziellen Gesetzmässigkeiten der Lebensvorgänge erklären durch die allgemeinen Gesetze der Bewegung.

Dass ein Kausalzusammenhang zwischen Physischem und Psychischem bestehe, wird allerdings nicht allgemein angenommen. Vielmehr wird auch die Annahme vertreten, dass ein Parallelismus ohne gegenseitige Einwirkung, ein Verhältnis sui generis herrsche, das auf rein physischem und rein psychischem Gebiete kein Analogon haben könne. Wie dem auch sei: jedenfalls werden psychische Erscheinungen einer Kausalreihe eingefügt, mögen nun die Ursachen physischer, psychischer, oder physischer und psychischer Natur sein. Für die Auffassung des psychophysischen Grundproblems, nach welcher eine Einwirkung zwischen den beiden Klassen von Phänomenen nicht stattfindet, laufen zwar allerdings nebeneinander her zwei Kausalreihen

psychische Phänomene und die damit	verbundenen physischen Phänomene
.	.
.	.
.	.
a	α
b	β
c	γ
d	δ
e	ε
.	.
.	.
.	.
.	.

ohne dass ein Glied der einen Reihe Ursache oder Teilursache eines Gliedes der anderen sein könnte; aber im Gange der Forschung handelt es sich im allgemeinen gar nicht um das Verhältnis des psychischen Phänomens c zu dem ihm gleichzeitigen physischen Parallel- (etwa Hirnrinden-) Vorgang γ; sondern, wenn c eine Empfindung ist, können wir vielleicht einen Zusammenhang mit dem vorausgegangenen physischen Phänomen α, wenn c ein Entschluss ist, vielleicht einen Zusammenhang mit einem nachfolgenden physischen Phänomen ε feststellen. Vom Standpunkte der Parallelitätstheorie aus müssten wir dann sagen: c hat eine unbekannte psychische Ursache a, deren physischer Begleitvorgang das uns bekannte α ist, und: c hat die uns unbekannte psychische Wirkung e, deren physische Begleiterscheinung das uns bekannte ε ist. Aber wir werden annehmen dürfen, dass, wenn aus dem gegenwärtigen Widerstreite der Meinungen die Parallelitätstheorie als Siegerin hervorgehen sollte, der wissenschaftliche Sprachgebrauch doch sich des kurzen Ausdruckes „α Ursache beziehungsweise Teilursache von c“, „c Ursache beziehungsweise Teilursache von ε“ bedienen wird, mit dem Vorbehalt, dass dies eine abgekürzte und ungenaue Ausdrucksweise ist. Es soll an dieser Stelle über das psychophysische Grundverhältnis weder im Sinne der Kausalitätstheorie noch im Sinne der Parallelitätstheorie etwas präjudiziert werden; uns genügt der Hinweis, dass auch hier eine andere Art von Zusammenhängen als ursächliche nicht angenommen wird, es sei denn, dass man zwischen Physischem und Psychischem ein Parallelitätsverhältnis annimmt, welches aber dann als psychophysisches Grundverhältnis ein Verhältnis besonderer Art wäre und auf die Untersuchung rein physischer und rein psychischer Verhältnisse, ja, wie wir gesehen haben, wohl sogar auch auf die Untersuchung von Beziehungen zwischen Physischem und Psychischem wenig Einfluss haben würde.

Die Wissenschaften, deren Forschungsgebiete Kollektivgenossenschaften sind, die theoretische Nationalökonomie und die Völkerpsychologie, setzen sich bekanntlich gleichfalls als nächstes Ziel Beschreibung und als letztes ursächliche Erklärung.

Diejenigen neueren Richtungen, welche rein beschreibend zu sein behaupten, sind, wie oben (§ 1) gezeigt wurde, von der übrigen Wissenschaft nicht sachlich, sondern nur im Ausdrucke verschieden. Es ist möglich, unter Gebrauch der Termini Bedingung, Abhängigkeit, Entwicklungsgesetze, Bestimmtwerden die Ausdrücke Ursache, Wirkung, Kausalität zu vermeiden und doch die Erforschung von Kausalgesetzen anzustreben; es stimmen die Vertreter jenes Standpunktes, sobald sie sich von dem Gebiete der Erkenntnistheorie auf das irgend einer empirischen Einzelforschung begeben, in Grundlage, Methode und Ziel mit den übrigen Forschern überein; nur dass sie für verursacht sein — abhängen, für Erklärung und Gesetz — vereinfachte Beschreibung, für notwendigen Zusammenhang — Zusammenhang sagen.

Unsere Analyse ergiebt die bekannte Thatsache: die empirischen Wissenschaften sind gegenwärtig im grossen und ganzen Kausalwissenschaften, Ätiologie; die neuere Wissenschaftstheorie ist Kausaltheorie; und als das wissenschaftliche Hauptverdienst dieses Zeitalters wird man es vielleicht einmal betrachten, dass es alles an die Frage gesetzt hat: wie weit kommen wir mit der Kausalität? Die Überzeugung von der Allgiltigkeit der Kausalität ist zu einem unverlierbaren Besitze der Wissenschaft geworden; mit ihr verträglich zu sein, muss sicherlich von jeder wissenschaftlichen Anschauung verlangt werden.

§ 4.

Das Dogma von der Alleingiltigkeit der Kausalität.

Wir haben bei einem Überblick über den gegenwärtigen Stand der theoretischen Erfahrungswissenschaften (§ 3) diese basiert gefunden auf die Annahme von Kausalgesetzen, und zwar auf die Annahme universeller Kausalgesetze. Die Lehre von der Allgiltigkeit der Kausalität kann als gesicherter Besitz der Wissenschaft betrachtet werden; denn sie stützt sich nicht auf irgend eine einzelne Erfahrung, sondern vielmehr auf das allgemeine Kausalgesetz (im Gegensatz zu den speziellen Kausalurteilen); das allgemeine Kausalgesetz besagt, dass wir bei allen Erscheinungen nach speziellen Kausalgesetzen fragen können; das heisst, dass jede Erscheinung mit Notwendigkeit auf vorhergehende folgt; wir sind genötigt, das anzunehmen, es ist uns nicht möglich, anders zu denken; ferner sind wir genötigt, ebenso wie Raum und Zeit auch die Kausalreihe als unendlich zu denken. So bildet das allgemeine Kausalgesetz die Grundlage, die Erkenntnis spezieller Kausalgesetze das Ziel der gegenwärtigen Forschung; jene ist das Problemschema, diese sind die Problemlösungen.

Offenbar ist die Lehre von der Allgiltigkeit der Kausalität scharf zu trennen von der Anschauung, welche man Lehre von der Alleingiltigkeit der Kausalität nennen könnte. Diese, häufig als mechanistisch bezeichnete Naturauffassung nimmt an, es könne nur Kausalzusammenhänge in der Natur geben; wo der Anschein andersartiger Zusammenhänge nicht geleugnet werden kann, müssten sie, wie man es nennt, auf kausale „zurückgeführt" werden. Die gemeinte Anschauungsweise drückt sich in einer Ungenauigkeit des Sprachgebrauches aus, welche wohl auch zuweilen mit einer Ungenauigkeit im Denken verbunden ist: die Begriffe des notwendigen Zusammenhanges, des Gesetzes, der Erklärung werden nämlich häufig den Begriffen des Kausalzusammenhanges, des Kausalgesetzes, der Kausalerklärung einfach gleichgesetzt; andererseits wird dann der Zufall nicht, wie es richtig wäre, als Gegensatz zur Notwendigkeit oder Abhängigkeit, sondern als Gegensatz zur Kausalität behandelt.

Selbst MACH, der in der Abhandlung Die Geschichte und die Wurzel des Satzes von der Erhaltung der Arbeit, 1872, an einer Stelle (Seite 46) treffend als Voraussetzung jeder wissenschaftlichen Untersuchung die „Annahme der Abhängigkeit der Erscheinungen von einander“ bezeichnet, „welche gar nicht mit der mechanischen Auffassung der Natur zusammenhängt, sondern sich überhaupt mit jeder Anschauung, sobald sie nur die strenge Gesetzmässigkeit festhält, vertragen würde“, begeht an einer anderen Stelle (Seite 35) derselben Abhandlung jene Ungenauigkeit mit der Äusserung, das Kausalgesetz sei „hinreichend charakterisirt, wenn man sagt, es setze eine Abhängigkeit der Erscheinungen von einander voraus.“ Stünde es so, dass Abhängigkeit und Kausalität identisch wären, dann wären freilich auch Erfahrungswissenschaft und Kausalitätsforschung Ein und Dasselbe.

In der Biologie ist die sogenannte mechanistische Auffassung ziemlich jung; seit der Mitte des neunzehnten Jahrhunderts etwa ist sie zu grossem, zeitenweis fast unbestrittenem Einflusse auf die biologische Forschung, vor allem aber auf die biologische Theorie gelangt. Einzelne Ausnahmen unter den Forschern waren allerdings stets vorhanden; eine ausgebreitetere Gegenbewegung entstand etwa im neunten Jahrzehnt dieses Jahrhunderts und scheint in stetigem Anwachsen begriffen zu sein. Manchen Biologen jedoch führt seine Überzeugung von der Alleingiltigkeit der Kausalität dazu, schon die Möglichkeit andersartiger Gesetzmässigkeiten in der lebenden Natur abzulehnen und, in diesem Punkte sich der Empirie verschliessend, in seinen Gedanken dem Organismus einen physikalischen Apparat zu substituieren, welcher dem Organismus so nahe kommt, wie es unsere physikalischen Kenntnisse erlauben. Das heisst der Natur Gewalt anthun; die naturgemässe Methode ist eine andere. Dabei scheint die Lehre von der Alleingiltigkeit der Kausalität bei ihren Anhängern leicht einen dogmatischen Charakter anzunehmen; denn man versucht nicht, sie zu begründen; sondern an Stelle des Beweises wird die Behauptung immer wieder ausgesprochen, und nicht als Hypothese, die durch weitere Erfahrung bestätigt oder umgestossen werden könnte, sondern als durchaus sichere, keiner Prüfung bedürfende Thatsache.

Nun ist die Lehre von der Alleingiltigkeit der Kausalität aber nicht etwa eine solche, welche dogmatisch ausgesprochen werden dürfte wegen der Fülle der ihr zu Grunde liegenden Erfahrung oder wegen einer ihr innewohnenden unmittelbaren Evidenz; bei ihr stehen wir nicht wie bei der Lehre von der Allgiltigkeit der Kausalität vor einer Denknotwendigkeit; es sind also ihre Wurzeln wo anders zu suchen. Wenn wir uns fragen, ob sie eine anthropomorphe Anschauung sei, müssen wir die Vorfrage erörtern, was unter einem Anthropomorphismus zu verstehen ist. Man hat neuerdings in einem solchen Umfange von Anthropomorphismen, von anthropozentrischen Auffassungen und dergleichen gesprochen, dass man vielleicht eher fragen möchte: was ist nicht anthropomorph? Irgend eine Beschränkung muss doch diesem Begriffe, wenn er einen Tadel besagen soll, gegeben werden; denn es ist ja klar, dass das Material aller Wissenschaften letzten Endes menschliche Vorstellungen sind und dass die Urteile, welche das Resultat der Wissenschaft bilden, menschliche Urteile sind. Diese Selbstverständlichkeiten bringen es mit sich, dass in einem gewissen Umfange die Wissenschaft anthropomorph sein muss — wenn man diesen Begriff weit genug fasst. So ist ohne weiteres zuzugeben, dass der Begriff der Notwendigkeit aus unserem Seelenleben stammt, und dass es Wesen geben kann, für die er nicht existiert; für solche Wesen giebt es eben dann keine Wissenschaft; sie können Wissen besitzen, aber das Spezifische des wissenschaftlichen Wissens, die Erkenntnis von Naturgesetzen, geht ihnen ab. Deshalb werden wir den Begriff der Notwendigkeit, so wie er zu Beginn unserer Untersuchung als Generalvoraussetzung der empirischen Wissenschaften eingeführt wurde, doch nicht als anthropomorph, wenigstens nicht als anthropomorph in tadelndem Sinne, als anthropomorphes Vorurteil bezeichnen müssen; es mag ja sein, dass die Notwendigkeit zuweilen als etwas betrachtet wurde, das in den Gliedern des Zusammenhanges irgendwie darin ist, das der Materie der Zusammenhänge angehört; so wird sie aber neuerdings wohl kaum mehr aufgefasst, sondern als etwas zur Relation zwischen den Gliedern, als etwas zur Form des Zusammenhangs Gehöriges; und so ist sie das Voraussetzungsminimum. Ein solches kann aber nicht gemeint sein, wenn man innerhalb der Wissenschaft im tadelnden Sinne von Anthropomorphismen redet; denn man hat nur die Wahl, entweder jenes Minimum zuzugeben oder wissenschaftliche Empirie überhaupt abzulehnen. Auch dass wir genötigt sind, ein Glied eines Zusammenhanges vor den anderen ins Auge zu fassen, dass wir zum Beispiel beim einzelnen Thatbestande zunächst die jeweils bekannten Glieder ins Auge fassen, um dann erst aus ihnen die unbekannten zu erschliessen, oder dass wir zuerst an die Ursache denken und dann an die Wirkung, weil diese eben das spätere ist, das kann gleichfalls nicht als anthropomorph getadelt werden; denn auch ohne Zeit giebt es keine Wissenschaft, wie überhaupt kein Denken. Es muss also ein Mehr von Voraussetzungen vorliegen, wann jener Vorwurf berechtigt sein soll; und bekanntlich zeigt die Geschichte aller Wissenschaften häufig ein solches Mehr.

Als wissenschaftliche Vorurteile werden wir also Voraussetzungen bezeichnen, die zum Zustandekommen der Wissenschaft nicht unbedingt erforderlich wären; aber nicht jede solche Voraussetzung ist ein Vorurteil; eine unberechtigte Hypothese, sofern man sie mit dem Bewusstsein aufstellt, dass sie eine Hypothese ist, wird man kaum als Vorurteil bezeichnen können; Hypothesen, die man mit Einsicht in ihre Herkunft und ihren hypothetischen Charakter aufstellt, haben an dieser Einsicht ein Korrektiv, falls sie unrichtig sind, und sind für die Wissenschaft ebenso unentbehrlich wie ungefährlich; das Gefährliche des Vorurteils liegt wohl gerade darin, dass es nicht als Hypothese vorgestellt wird, sondern dass wir es unwillkürlich, als etwas Selbstverständliches in unser Denken aufnehmen. Wenn wir den Begriff des Anthropomorphismus nicht so weit fassen wollen, dass er alle Vorurteile umschliesst, dann werden wir ihn auf diejenigen beschränken, bei welchen eine unwillkürliche Verlegung menschlicher Verhältnisse in aussermenschliche Verhältnisse, unter Umständen auch in andere Teile des menschlichen Körper- oder Seelenlebens stattfindet, welche Verlegung für andere Zwecke förderlich sein kann, den wissenschaftlichen jedoch entgegenwirkt; naturgemäss zerfallen die Anthropomorphismen ihrer Herkunft nach in animistische, bei welchen eine Analogie zu Daten des menschlichen Seelenlebens wirksam ist, und aktionalistische, bei denen eine Analogie zu menschlichen Handlungen einwirkt. Es ist wohl klar, dass diese beiden Klassen im allgemeinen mit den beiden Klassen von Vorurteilen zusammenfallen, welche wir oben (§ 2) dem Gegenstande nach unterschieden haben; es werden nämlich in der Regel die animistischen Vorstellungen sich auf die Materie, die aktionalistischen auf die Form der naturgesetzlichen Zusammenhänge beziehen; animistische Vorstellungen werden veranlassen, Elemente des menschlichen Seelenlebens da anzunehmen, wo Anwendung wissenschaftlicher Methoden zu einer solchen Annahme nicht führen würde, und aktionalistische werden die zwischen den Erscheinungen anzunehmenden Relationen modeln nach dem Vorbilde menschlichen Thuns.

Mehrfach ist bereits auf den engen Zusammenhang zwischen dem populären Kausalbegriffe und den menschlichen Willenshandlungen hingewiesen worden. Das Verhältnis zwischen Ursache und Wirkung kann dazu verführen, es in aktionalistischer Weise nach dem Bilde des Verhältnisses Wollendes Subjekt — gewollte Handlung zu denken. Dies ist der ‚Kausale Anthropomorphismus'. Wenn eine Neigung vorhanden ist, die Wirkungen nach Analogie unserer beabsichtigten Thätigkeiten zu denken, dann ist es begreiflich, wieso wir glauben können, ein ganz besonderes Verständnis für die kausale Form des Zusammenhangs zu haben, dass wir meinen, ganz besonders vertraut damit zu sein, wie die Wirkung aus der Ursache hervorgehe, hervorgehen müsse, so wie uns ja unsere beabsichtigten Handlungen ihren Antecedentien nach in einer anderen, genaueren Weise bekannt sind als die Handlungen anderer Wesen. Ferner werde ich von der Handlung, die ich jetzt ausübe, sagen wir von einer Hebung meines linken Arms, die ich jetzt ausführe, weil ich sie ausführen will, die also zeitlich rückwärts in einem notwendigen Zusammenhange steht mit mir bekannten psychischen und physischen Bedingungen, nicht erwarten, dass sie etwa auch abhänge von einem späteren Vorgange oder von Vorgängen an einem anderen Orte, kurz von irgendwelchen anderen Zuständen, als denen des handelnden Subjekts; ich würde es zum Beispiel für Zufall halten, wenn jene Hebung meines Armes einen Dieb, von dessen Anwesenheit ich nichts wusste, aufschrecken und verraten würde. Findet nun eine Hineinverlegung des Verhältnisses des Wollenden zum Gewollten in das Verhältnis der Ursache zur Wirkung statt — man sagt auch zuweilen von einem leblosen Körper, er wolle diese oder jene Bewegung ausführen, nicht ausführen — dann wird man geneigt sein, es für eine Absurdidät zu halten, dass die, ihrer Herkunft nach anscheinend so genau bekannte Wirkung als abhängig gedacht werden sollte von irgend etwas in der Welt ausser von ihrer Ursache. Es entsteht daher leicht der Anschein, als ob die Kausalität etwas zu Beobachtendes sei, während jede andere Ordnung etwas in die Beobachtung Hineingelegtes wäre; dieser Schein verschwindet, sobald man aufhört, die Ursache als das zu betrachten, was bei unserer Willenshandlung unser ihr vorangehendes Vorstellen und Fühlen ist.

Es findet also mit der Lehre von der Alleingiltigkeit der Kausalität eine Beschränkung des Gebietes der Erfahrungswissenschaften statt, die weder in deren Begriffe noch im Wesen der Kausalität begründet ist;

es ist nicht einzusehen, weshalb die Glieder der kausalen Naturordnung durch andere als kausale Zusammenhänge nicht verbunden sein könnten. Die Kausalerklärung ist nicht, wie es unser einer Willenshandlung vorhergehender Zustand für uns ist, die Erklärung, nicht eine absolute Erklärung, sondern vielmehr eine relative, nämlich eine Erklärung in Beziehung auf gewisse andere Erscheinungen; es giebt daher keinen Grund, weshalb die selbe Erscheinung nicht verschiedenen Zusammenhängen eingeordnet werden könnte, je nachdem, mit welchen anderen Erscheinungen wir sie zusammenhalten.

Unter den Elementen der gegenwärtig dominierenden Kausalitätstheorie ist daher das eine, die Lehre von der Allgiltigkeit der Kausalität, durchaus berechtigt, weil in den Gesetzen unseres Denkens begründet; das andere hingegen, die Lehre von der Alleingiltigkeit der Kausalität, ein aktionalistischer Anthropomorphismus, von welchem, wie von jedem Vorurteil, möglichst reine Empirie am sichersten befreit. Jetzt, nach Ausscheidung des anthropomorphen Elements, von dem der Kausalbegriff gereinigt werden kann und muss, wollen wir versuchen, die wesentlichen Merkmale der von den gegenwärtigen Erfahrungswissenschaften auf Grund methodischer Forschung gefällten Kausalurteile zu bezeichnen.

Eine Darstellung der Kausalmethoden findet sich zum Beispiel bei John Stuart Mill, Logik, Buch III und IV.

§ 5.

Die kausale Formel.

Wir haben bisher unerörtert gelassen, was unter einem Kausalverhältnis des genaueren zu verstehen sei: offenbar ein derartiges Verhältnis zweier Erscheinungen, dass auf die eine, die Ursache (u), die andere, die Wirkung (w), notwendig folgt; der Eintritt des neuen Zustandes w ist mit Notwendigkeit bestimmt durch den vorhergegangenen Zustand u.

Das Schema ‚auf u succediert notwendig w‘ lässt jedoch noch die Frage offen, welcher Art dieses Succedieren sei; ob es ein unmittelbares sein müsse, oder auch ein mittelbares sein könne. Die moderne Wissenschaft antwortet: ein unmittelbares. Zwar bezeichnet man häufig bei kontinuierlichen Vorgängen als Ursache (u) und Wirkung (w) zwei zeitlich getrennte Zustände; eine Analyse wird aber stets folgendes Verhältnis (‚Kausalkette') zeigen:

u	ist die Ursache von	w_1
w_1	„ „ „ „	w_2
w_2	„ „ „ „	w_3
.		.
.		.
.		.
.		.
w_m	„ „ „ „	w_n
w_n	„ „ „ „	w

u, w_1, w_2, w_3 . . . . . . w_m, w_n, w sind Zustände in Augenblicken, die je durch ein Zeitdifferential von einander getrennt sind. Wenn also bei einem Vorgange eine grosse, ja unendliche Anzahl von aufeinander folgenden Zuständen an dem ursächlichen Verhältnisse zu partizipieren scheinen, besteht doch Kausalität im strengsten Sinne nur zwischen zwei Zuständen: so sagen wir „die Erscheinungen des Freien Falls sind kausal erklärt," und meinen damit, dass uns der notwendige Zusammenhang zwischen der Lage eines freifallenden Körpers in einem beliebigen Augenblick und seiner Lage im nächsten Augenblicke bekannt ist.

In anderer Beziehung noch scheint das einzelne Kausalverhältnis eine grössere Anzahl von Erscheinungen zu umfassen. Die Ursache nämlich zerfällt häufig in mehrere Teilerscheinungen (‚Teilursachen'); da diese jedoch alle realisiert sein müssen, wenn die Wirkung erfolgen soll, so kann der gesamte Komplex dieser Bedingungen als ‚die Ursache', das heisst als einheitlicher Zustand bezeichnet werden.

Bei der grossen Mannigfaltigkeit der anorganischen und der noch viel grösseren der organischen Natur und des Seelenlebens möchte es vielleicht scheinen, dass genau gleiche Ursachen und Wirkungen sich nicht zu wiederholten Malen realisieren werden, sondern nur allenfalls ähnliche Ursachen und ähnliche Wirkungen. Diese Variabilität ist eine scheinbare und beruht auf dem, was man die ‚Ursächliche Komplikation' nennen könnte; eine Ursache tritt in verschiedenen Quantitäten und in Verbindung mit anderen Ursachen auf. So zeigt denn die Beobachtung im allgemeinen nicht sowohl Gleichheiten als vielmehr Gleichmässigkeiten; eben infolge der ursächlichen Komplikation.

Wir würden jedoch die in der Gegenwart herrschende Auffassung kaum vollständig analysiert haben, wenn wir sagten, die Kausalerklärung eines Phänomens w bestehe in der Aufzeigung eines Phänomenkomplexes u, auf welchen w notwendig succediere. Vielmehr ist mit Kausalgesetzen wohl nicht die einzelne Gesetzmässigkeit, auch nicht ihr wiederholtes Auftreten gemeint; sondern ein Zusammenhang zwischen einer abstrakten Ursache U_1, zu der sich jenes u als konkreter Einzelfall verhält, und einem ebenfalls abstrakten W_1, zu welchem sich die reale Wirkung w als Einzelfall verhält. In Anlehnung an den mathematischen Sprachgebrauch kann man U_1 und W_1 als ‚Grössen' bezeichnen, welche die Werte u, u_1, u_2 . . . . . und w, w_1, w_2 . . . . . . annehmen, und sagen, dass das einzelne Kausalgesetz ein notwendiger Zusammenhang zwischen zwei konstanten Grössen U_1 und W_1 und dass die Wirkung im allgemeinen eine (mathematische) Funktion der Ursache sei:

$$W = f\ (U).$$

II. Kapitel.

Die Gesamtheit biologischer Gesetzmässigkeiten.

Unsere Untersuchung ging aus von dem Begriffe des notwendigen Zusammenhangs: Erforschung notwendiger Zusammenhänge wurde als Aufgabe der Erfahrungswissenschaften bezeichnet. Dass die Voraussetzung notwendiger Zusammenhänge, aus der sich die zu beobachtende Gleichförmigkeit des Naturlaufs als Folge ergiebt, nicht das Mass notwendiger Hypothesenbildung überschreitet, wurde wohl noch klarer, als wir unnötige Einschränkungen des durch die Erfahrung gelieferten Materials ins Auge fassten.

Eine Analyse der gegenwärtigen Erfahrungswissenschaften zeigte als deren Ziel die Erkenntnis Einer Art von notwendigen Zusammenhängen, nämlich von speziellen Kausalgesetzen; als ihre Grundlage das allgemeine Kausalgesetz. Es wurde sodann versucht, die anthropomorphen Vorurteile im allgemeinen abzugrenzen und aus dem Kausalitätsbegriff die häufig in ihm enthaltenen anthropomorphen Elemente auszuscheiden; nach Ausscheidung dieser Elemente schien uns einer einwandsfreien Formulierung des Schemas der Kausalgesetze nichts im Wege zu stehen. Jede Erscheinung wird in funktioneller Beziehung zu einem Teile der Antecedentien gedacht, welchen Teil der Antecedentien man die Ursache nennt; um diese funktionelle Beziehung rein zum Ausdruck zu bringen, mussten wir die realen Ursachen und Wirkungen als Werte abstrakter Grössen betrachten, welche Grössen bei den einzelnen Kausalgesetzen konstant sind, jedoch selber wiederum zu Werten zweier variabler Grössen — der Ursache im allgemeinen und der Wirkung im allgemeinen — werden, sobald man die Gesamtheit der Kausalgesetze ins Auge fasst. Dass hier, zwischen jedem beliebigen Zustande und gewissen Antecedentien, ein Abhängigkeitsverhältnis herrsche, das ist weder eine Tautologie, noch ein das Voraussetzungsminimum unwillkürlich überschreitender Anthropomorphismus, noch auch eine auf beschränkte Erfahrung gegründete Verallgemeinerung, sondern vielmehr eine inhaltsreiche Anschauung, die zu denken wir genötigt sind; sie ist ein Ausdruck für das allgemeine Kausalgesetz; daher gehen wir wohl nicht fehl, wenn wir in ihr eine Grundlage nicht nur der gegenwärtigen, sondern auch der künftigen Erfahrungswissenschaften erblicken.

Wir wenden uns von diesem Kapitel der Wissenschaftsgeschichte zu einem Kapitel der Naturphilosophie, um durch eine Analyse der biologischen Erfahrung diese zu befragen, ob sie in der Kausalitätstheorie ohne Rest aufgehe.

---

§ 6.

Abgrenzung des biologischen Gebietes.

Im Grunde sind wohl alle Forscher, ja alle erwachsenen und geistig normalen Angehörigen kultivierter Völker darüber einig, wie weit das Gebiet des Lebens und damit der Biologie*) reiche. Wenn es im einzelnen Falle schwierig ist zu sagen, ob eine Erscheinung eine Lebenserscheinung ist oder nicht, so liegt das daran, dass die Erscheinung nicht genügend bekannt ist; bei weiterer Aufhellung wird notwendig ein Moment eintreten, in welchem ein jedes auf die Frage „organisch oder anorganisch?“, „lebend oder leblos?“ zu antworten vermag; das latente Wissen enthält bei den verschiedenen Völkern und zu verschiedenen Zeiten eine überall gleiche und durchaus scharfe Abgrenzung des biologischen Gebietes. Wenn es uns gelingt, die Merkmale zu finden, auf welche diese Abgrenzung basiert ist, so werden wir damit die Frage beantwortet haben: ob auf biologischem Gebiete Gesetzmässigkeiten von anderer Form als auf anorganischem oder ob Gesetzmässigkeiten von gleicher Form, aber anderem Inhalte bestehen. Eines von beiden muss der Fall sein. Jene tiefgreifende Verschiedenheit, die von alters her die Menschen zwei Reiche in der Natur annehmen liess, muss entweder auch die Art des Zusammenhanges zwischen den Erscheinungen oder nur die Qualität der Erscheinungen betreffen.

---

*) Der Kürze wegen ist „Biologie“ in einem weiten Sinne gebraucht für die gesamten Wissenschaften vom Lebenden und vom Psychischen, das ja — soweit unsere Kenntnis reicht — mit Lebendem verbunden ist.

Das Psychische kann uns die gesuchte Abgrenzung nicht liefern; denn erstens ist uns bekanntlich die Existenz seelischer Vorgänge nur bei uns selber völlig, bei vielen Organismen sehr wenig sicher; zweitens reicht nach der jetzt am weitesten verbreiteten Anschauungsweise das Gebiet des Organischen weiter als das des Beseelten; drittens endlich ist die Annahme psychischer Phänomene ja häufig selbst erst gegründet auf die Konstatierung von Lebenserscheinungen. Das Psychische also ist nicht das gesuchte Merkmal. Aber wenn die Grenze zwischen Organischem und Anorganischem eine scharfe und dem latenten Wissen aller vertraute ist, so muss sie in den Anschauungen derer, die beständig die Naturgesetzmässigkeiten vor Augen haben, zum Ausdruck kommen, unabhängig von den derzeitigen Theorieen; sie muss an den Grundbegriffen, mit welchen die Wissenschaft operiert, zu erkennen sein und muss sich der Beobachtung in unzähligen Thatsachen aufdrängen. Typische Aussprüche, eine Reihe von Grundbegriffen und typische Thatsachen wollen wir daher einer Analyse unterziehen.

§ 7.

Besonderheit des Biologischen, an typischen Aussprüchen untersucht.

Nicht die zahlreichen Streitschriften sollen hier befragt werden. Erstens ist die Gefahr bei ihnen grösser als anderswo, dass der Verfasser, für eine Theorie eingenommen, unabsichtlich seinem Wissen die Daten mit Einseitigkeit entnimmt. Zweitens dürften gerade viele der bedeutendsten Forscher nicht geneigt sein, die ihnen in ihren Einzelforschungen eigene Exaktheit zu verlassen, um in Kürze die allgemeinsten Probleme der Biologie zu lösen. Aber eben das, was unbefangen beim Betrieb der Wissenschaften geäussert wird, was tagtäglich in zoologischen, botanischen, physiologischen Instituten als selbstverständliche Wahrheit zu hören ist, was der Arzt bei jeder Diagnose vor Augen hat, das dürfte das hier am meisten in Betracht Kommende sein. Ungesucht bietet sich der Weg, in angesehenen Handbüchern der verschiedenen Fächer den Äusserungen nachzugehen, welche allgemeinste Anschauungen erkennen lassen. Diese Äusserungen wird der in der wissenschaftlichen Litteratur Bewanderte als typische erkennen; wären sie es nicht, so würde ihre Analyse für unsere Zwecke bedeutungslos sein.

In den Einteilungen schon wird häufig ein Einteilungsgrund benützt, welcher nicht der kausalen Naturordnung entnommen ist, das heisst, welcher nicht die Erscheinungen als Funktion ihrer notwendigen Antecedentien betrachtet.

Gegenbaur, Lehrbuch der Anatomie des Menschen. 3. Auflage, 1888 (Seite 13) bei Besprechung der verschiedenen Einteilungen in Organsysteme: „So teilt man die Organe in Organe zur Erhaltung des Individuums und Organe zur Erhaltung der Art. Die letzteren sind die Geschlechtsorgane; die ersteren umfassen alle übrigen."

Aubert, Physiologie der Netzhaut, 1865 (Seite 20). „Es scheint mir am zweckmässigsten, ein ganz ausserphysiologisches Princip als Eintheilungsgrund zu benutzen, nämlich das Nützlichkeitsprincip, und objective Thätigkeit der Netzhaut alles zu nennen, was uns dazu dient, die Objecte der Aussenwelt zu erkennen, subjective Thätigkeit alles, was nicht dazu dient, oder uns dabei entgegenwirkt".

Regelmässig pflegt in der Physiologie bei den „Reflexbewegungen" ein Merkmal einzutreten, das nicht der kausalen Betrachtung angehört; und dass gerade scharf definierende Forscher dieses Merkmals nicht entraten können, deutet darauf hin, dass es unentbehrlich ist.

Hermann, Lehrbuch der Physiologie. 7. Auflage, 1882 (Seite 275). „Geköpfte Frösche machen auf Reizungen regelmässige und zweckmässige Abwehrbewegungen, welche von willkürlichen Bewegungen sich so wenig unterscheiden, dass man sie als die Wirkungen von im Rückenmark vorhandenen Seelenorganen betrachtet hat (Pflüger). Da aber ganz ähnliche Bewegungen auch am unversehrten Menschen und zwar hier nachweisbar unbewusst, in grosser Zahl vorkommen, z. B. der Lidschluss auf Berührung der Conjunctiva, die Bewegungen Schlafender, wenn sie gekitzelt werden, da ferner die Mitwirkung eines Bewusstseins bei den Bewegungen geköpfter Thiere nicht nachweisbar ist, betrachten die Meisten jene Bewegungen, sowie die zuletzt genannten, als Reflexe. Hiermit bezeichnet man die unwillkürliche Erregung centrifugaler Nerven, wenn sie unmittelbare Folge der Erregung centripetaler Nerven ist. Zum Unterschiede von den ... abnormen Reflexerscheinungen hat dieses Werk die normalen Reflexe von erkennbarer Zweckmässigkeit als geordnete Reflexe bezeichnet."

Es wird also eine Gruppe von Bewegungen unterschieden, die am Organismus so eintreten, als ob sie Mittel zu einem Zwecke wären; hierbei ist natürlich gemeint, dass dieser Zweck ein Zweck des betreffenden Organismus ist.

Ähnlich auf psychologischem Gebiete bei Abgrenzung der sogenannten Instinkte:

WUNDT, Vorlesungen über die Menschen- und Thierseele. 2. Auflage, 1892 (Seite 430). „Unter einem instinktiven Handeln verstehen wir ...... überall ein zweckmässiges, aber unwillkürliches, theils trieb-, theils reflexartiges Thun. Dass in diesem Sinne viele menschliche Handlungen zu den Instinkthandlungen gehören, kann nun nicht zweifelhaft sein."

JAMES, The Principles of Psychology, 1890 (II 383). „Instinct is usually defined as the faculty of acting in such a way as to produce certain ends, without foresight of the ends, and without previous education in the performance. That instincts, as thus defined, exist on an enormous scale in the animal kingdom needs no proof."

Man beachte ferner die Abgrenzung der perversen Sexualität in der Psychiatrie:

KRAFFT-EBING, Psychopathia sexualis. 5. Auflage, 1890 (Seite 45). „Als pervers muss — bei gebotener Gelegenheit zu naturgemässer geschlechtlicher Befriedigung — jede Äusserung des Geschlechtstriebs erklärt werden, die nicht den Zwecken der Natur, i. e. der Fortpflanzung entspricht."

Eine den meisten Naturkundigen geläufige Vorstellungsweise ist es, Veränderungen im Organismus, welche durch Veränderung der Umgebung herbeigeführt werden, nicht nur als zusammenhängend mit dieser Veranlassung zu betrachten, sondern auch als zusammenhängend mit künftigen Verrichtungen des betreffenden Lebewesens:

WILCKENS, Form und Leben der Landwirthschaftlichen Hausthiere. Systematische Darstellung ihrer Morphologie und Physiologie zur wissenschaftlichen Begründung der Thierzucht. 1878. (Seite 775). „Es gibt kaum ein Organ unserer Hausthiere, das unter verschiedenen Einflüssen des Klimas, des Bodens und der Lebensweise frei bleibt von Abänderungen und welches sich diesen Einflüssen nicht anzupassen vermöchte, wenn auch in sehr verschiedenem Grade und in mehr oder minder langen Zeiträumen."

Um Gesetzmässigkeiten der Coexistenz und Succession, wie sie in Kapitel I als Forschungsobjekt der gegenwärtigen Wissenschaft geschildert wurden, zu finden, wendet man gleichfalls in der Biologie eine speziell biologische Betrachtungsweise als „heuristisches Prinzip“ an.

FICK in HERMANN's Handbuch der Physiologie III, 1, 1879, (Seite 93) bei Beurteilung von A. CRAMER's Erklärung der Vorwölbung der vordern Linsenfläche aus Kontraktion von Irisfasern, und speziell bei Beurteilung von CRAMER's Beweisversuchen an Seehundsaugen: „Immerhin könnte es sein, dass bei dem zum abwechselnden Sehen in Luft und Wasser einer kolossalen Anpassungsfähigkeit bedürftigen Seehundsauge der von CRAMER beschriebene Vorgang wirklich vorkäme.“ (FICK verwirft CRAMER's Hypothese für den Menschen und die meisten Säugetiere.)

Von einer gewissen Zweckmässigkeit der Struktur oder der Vorgänge, einer Fähigkeit der Selbsterhaltung wird gesprochen:

DARWIN, Die Abstammung des Menschen und die geschlechtliche Zuchtwahl (übersetzt von CARUS). 3. Auflage, 1875 (I 406 f). „Sobald die Farbe zu irgend einem speciellen Zweck modificirt worden ist, so ist dies, und zwar bei Thieren aller Arten, soweit wir es beurtheilen können, zum Zwecke des Schutzes oder zur Bildung eines Anziehungsmittels der Geschlechter an einander geschehen.“ (Thatsachen, auf welche sich diese Bemerkung bezieht, findet der Leser in § 9.)

ZITTEL, Handbuch der Palaeontologie, Band I, 1879, sagt (Seite 647) vom Muskelapparat der Brachiopoden, er „arbeitet mit erstaunlicher Sicherheit und Präcision und könnte kaum sinnreicher erfunden werden.“

VIRCHOW, Die Cellularpathologie in ihrer Begründung auf physiologische und pathologische Gewebelehre dargestellt. Anfang des fünften Kapitels. (4. Auflage, 1871, Seite 100). „Die Grundlage aller Vorstellungen über das Leben bildet die Erfahrung von der allem Lebenden zukommenden Fähigkeit der Selbsterhaltung.“

FOREL, Der Hypnotismus. 2. Auflage, 1891 (Seite 38). „Wenn auch die wirkliche Erschöpfung des Gehirns gewöhnlich das subjective Ermüdungsgefühl hervorruft und wenn letzteres aus Zweckmässigkeitsgründen mit Schläfrigkeit für gewöhnlich associirt ist . . . .“

SACHS, Vorlesungen über Pflanzen-Physiologie. 1882. (Seite 14). „Noch über einen Punkt möchte ich mich vorläufig aussprechen; es betrifft den Gebrauch des Wortes Zweckmässigkeit, eines Wortes, welches manche Fanatiker der Descendenztheorie womöglich ganz aus der Sprache verbannen möchten. Allein, dass man früher die Zweckmässigkeit in der Einrichtung der Organismen auf andere Ursachen zurückführte als jetzt, ist kein Grund, unsere Sprache eines prägnanten Ausdruckes zu berauben. Im Grunde versteht man unter dem Ausdruck, es sei diese oder jene Einrichtung an einem Organismus zweckmässig, weiter nichts, als dass dieselbe mit zur Existenzfähigkeit desselben beiträgt. Nun leuchtet aber ohne Weiteres ein, dass nothwendig alle Eigenschaften eines Organismus so geartet sein müssen, dass sie die Existenz desselben wenigstens unter den ihm natürlichen Lebensbedingungen nicht in Frage stellen. Zweckmässig heisst also im Allgemeinen so viel als existenzfähig, und es wäre Thorheit, auch nur ein Wort darüber zu verlieren, ob man das Wort in diesem Sinne anwenden dürfe oder nicht. Zugleich ist damit aber auch gesagt, dass durchaus kein wissenschaftliches Verdienst darin liegt, von irgend einer organischen Einrichtung zu behaupten, sie sei überhaupt zweckmässig oder trage zur Existenzfähigkeit das Ihrige bei; denn das versteht sich von selbst. Dagegen ist es unter Umständen sehr wichtig und verdienstlich, nachzuweisen, inwiefern und unter welchen Modalitäten irgend eine Einrichtung am Organismus zweckmässig ist; in welcher Weise dieselbe in Verbindung mit anderen Einrichtungen zur Existenzfähigkeit eines bestimmten Organismus beiträgt; und im Grunde hat es die gesammte Physiologie wesentlich mit solchen Nachweisen zu thun."

In demselben Werke (46. Vorlesung) werden als „Zweck der Befruchtung" gesundheitliche Verbesserung und grössere Variabilität angegeben.

Fechner, Elemente der Psychophysik. 1860 (II 541). „Unstreitig hat die Vertheilung der psychischen Leistung auf zwei gleiche Hirnhälften beim Menschen und den höheren Thieren, und auf eine Mehrheit hintereinander liegender oder symmetrisch im Kreise geordneter ähnlicher Segmente bei den niederen Thieren, ihre wichtige teleologische Bedeutung, und es wird damit ein Beispiel zu den unzähligen Beispielen gefügt, die wir in der Einrichtung des Organismus finden können, dass mit geringstmöglichem Aufwande an Mitteln die grösstmöglichen Leistungen erzielt werden, und mit derselben Einrichtung eine Mehrheit von Zwecken zugleich erfüllt wird.

„Denn diese Einrichtung erfüllt einmal den Zweck, dass Verletzungen nicht so leicht die psychische Integrität benachtheiligen können, indem ein Theil zur Vertretung und bei vielen Thieren selbst zur Anknüpfung des Wiederersatzes des anderen da ist; sie tritt zweitens bei niederen Thieren als eins der Mittel auf, die Seelen zu vervielfältigen, sie macht drittens .... möglich, mit einem gegebenen Quantum psychophysischer Thätigkeit mehr zu leisten, als wenn es auf einen Punct oder in zu engem Raume concentrirt wirken müsste ....".

Auch von Unzweckmässigkeiten ist die Rede.

So weist man darauf hin, dass unser Auge „unvollkommen“ sei, indem man es als optischen Apparat beurteilt. HELMHOLTZ, Handbuch der Physiologischen Optik. 2. Auflage, 1896 (Seite 170). „Die im Auge vorkommenden monochromatischen Abweichungen sind nicht, wie die sphärische Aberration der Glaslinsen, symmetrisch um eine Axe, sie sind vielmehr unsymmetrisch und von einer Art, wie sie bei gut gearbeiteten optischen Instrumenten nicht vorkommen darf.“

Entsprechende Äusserungen über die anorganische Natur wird man in der neueren wissenschaftlichen Litteratur vergebens suchen. Dabei handelte es sich nicht etwa darum, dass bestimmte chemische Verbindungen den Organismen eigen seien, dass gewisse physikalische Arbeiten nur von ihnen geleistet werden sollten, dass ihnen eine spezifische Art von Teilbarkeit und Eigenschaftsübertragung (‚Fortpflanzung‘, ‚Vererbung‘) zukomme, sondern es war überall, auf physischem wie auf psychischem Gebiete von einer besondern Art des Zusammenhangs zwischen den Erscheinungen die Rede, und als etwas ganz Selbstverständliches wurde diese Art des Zusammenhanges angenommen.

Wenn man dieses Resultat mit der herrschenden Kausalitätstheorie zusammenhält, so möchte es einem scheinen, als ob den spezifischen Gesetzmässigkeiten der lebenden Natur zugleich Selbstverständlichkeit und Nichtexistenz zukomme. Der theoretischen Leugnung steht die fortgesetzte praktische Anwendung gegenüber. Sollte nicht auch hier das scheinbar Selbstverständliche eine unabsehbare Reihe von Problemen enthalten, deren scharfe Formulierung zugleich die Frage nach Existenz oder Nichtexistenz überflüssig machen würde?

§ 8.

Besonderheit des Biologischen, an Grundbegriffen untersucht.

Die Bedeutung wissenschaftlicher Grundbegriffe für die Analyse empirischer Wissenschaften ist die, dass die Grundbegriffe sich aus dem Verkehr mit der Erfahrung ergeben, und dass sie bei zunehmender Einsicht einen entsprechenden Bedeutungswechsel durchmachen. Die Grundbegriffe repräsentieren daher mehr noch als gelegentliche Äusserungen das latente Wissen; will man dieses analysieren, so muss man nicht den da und dort gegebenen Definitionen, sondern dem Inhalte nachgehen, welchen diese Begriffe in der Anwendung haben.

Die biologischen Begriffe zerfallen in zwei Klassen: solche, welche Coexistenzen und solche, welche Successionen betreffen.

Wir geben erstens ein Verzeichnis von Begriffen, welche auf die Beschaffenheit lebender Körper angewandt werden:

Organisch
Lebend
Tot
Anabiotisch
Korrelation der Teile
Angepasstheit
Normal
Pathologisch
Missbildung.

Es folgt zweitens eine Zusammenstellung von Begriffen, welche auf Vorgänge an organischen Körpern angewendet werden:

Leben
Wachsen
Kämpfen ums Dasein
Fortpflanzen
Entwickeln
Degenerieren
Anpassen
Gesund sein
Heilen
Krank sein.

Neuerdings*) auch:

Selbstregulation
Selbstordnung
Auslösung
Dauerfähigkeit.

Ein Überblick über diese Begriffe zeigt sofort, dass in jeder Gruppe je ein Grundbegriff enthalten ist, welcher in allen andern wiederkehrt. In der ersten Reihe ist es der Begriff des Organischen, in der zweiten der des Lebens. Nur auf Organisches lassen sich die übrigen Begriffe der ersten Gruppe anwenden. ‚Lebend‘ bezeichnet einen Zu-

*) Vielfach ist das Bestreben bemerklich, durch Anwendung von Termini, welche in einem andern Sinne auch auf Anorganisches anwendbar sind, das spezifisch Biologische der Begriffe, wenn auch nicht zu beseitigen, so doch zu eskamotieren.

stand, welcher den, der zweiten Reihe angehörigen Vorgang des Lebens zulässt, ‚Tot‘ denjenigen, welcher ihn ausschliesst. ‚Anabiose‘*) würde, falls sie auch als vollkommenes Ruhen aller organischen Funktionen vorkommt, den obigen Begriffen noch den des potentiellen Lebens hinzufügen; der Begriff Leben würde keiner Modifikation bedürfen. — ‚Korrelation der Teile‘ und ‚Angepasstheit‘ lässt sich zwar auch von Anorganischem aussagen, aber nicht im biologischen Sinne. (Siehe auch Seite 70). — Der Begriff ‚Pathologisch‘ und verwandte Begriffe können erstens Anomalieen, zweitens Unangemessenheit zu einer Funktion bezeichnen; im letzteren Sinne von einem Steine zu sagen, er sei krank, ist nicht möglich. — Ein Gleiches gilt von dem Begriffe ‚Normal‘, wenn er identisch ist mit gesund. — Über die Anwendung des Wortes ‚Missbildung‘ und ähnlicher Termini orientieren zum Beispiel die folgenden Zitate:

> Darwin, Über die Entstehung der Arten durch natürliche Zuchtwahl oder die Erhaltung der begünstigten Rassen im Kampfe um's Dasein. Deutsch von Bronn, revidiert von Carus. 6. Auflage, 1876 (Seite 63): „Unter einer Monstrosität versteht man nach meiner Meinung irgend eine beträchtliche Abweichung der Structur, welche der Art meistens nachtheilig, oder doch nicht nützlich ist.“
>
> — (Seite 111): „Der Haarbüschel auf der Brust des Puterhahns kann ihm von keinem Nutzen sein und es ist zweifelhaft, ob er für die Augen des Weibchens für ornamental gilt; — und wirklich, hätte sich dieser Büschel erst im Zustande der Zähmung gebildet, er würde eine Monstrosität genannt worden sein.“

Die vier letzten Begriffe der zweiten Reihe sind schon durch die Besprechung der betreffenden Zustände erledigt. Als ‚Degeneration‘ bezeichnet man krankhafte Zustände und krankhafte Veranlagung, besonders auch der Gefühle. — Um das spezifisch Biologische des hier gemeinten Begriffes der ‚Entwickelung‘ und der ‚Fortpflanzung‘ zu erkennen, braucht man daneben nur an die Entwickelung der Gesteine und die Fortpflanzung einer Bewegung zu denken. — Bei dem ‚Kampf ums Dasein‘ ist Dasein ein ungenauer Ausdruck für Leben, ebenso wie das, was von der ‚Selbstregulation‘ reguliert wird, durch die ‚Selbstordnung‘ geordnet, durch die ‚Auslösung‘ ausgelöst wird und durch die ‚Dauerfähigkeit‘ dauert, Leben und Lebensvorgänge sind. — Auch der Begriff ‚Wachsen‘, so wie er in der Biologie verwendet wird, enthält

*) Der Terminus stammt von Preyer, der ihn zum ersten Male 1872 öffentlich erläuterte auf der Versammlung Deutscher Naturforscher und Ärzte zu Leipzig und bald darauf in seiner Schrift Die Erforschung des Lebens, 1873.

wieder den des Lebens. Um dieses einzusehen, braucht man sich nur an die Volumvergrösserung einer Leiche, das Wachsen eines Krystalles zu erinnern.

‚Organisch' und ‚Leben' sind also die Grundbegriffe, welche weiter zu analysieren sind. Die Bedeutung solcher Begriffe liegt in dem, was ich ihre ‚Potenz' nennen möchte. Versucht man nämlich, sie auf verschiedene Objekte anzuwenden, so wird ihre Anwendung bei manchen als möglich, bei andern als unmöglich erkannt. Der Beurteiler braucht keine Definitionen der Begriffe zu kennen und dennoch urteilt er mit Sicherheit. Wir sehen, um einen jener Begriffe seiner Potenz nach kennen zu lernen, müssen wir prüfen: wo finden wir ihn anwendbar, wo nicht? Diese Operation, die sich als ‚Begriffsbeobachtung' bezeichnen lässt, führt scheinbar leicht zur Definition des untersuchten Begriffes; es erscheint nur die Feststellung erforderlich, welche Merkmale allen Fällen, wo der Begriff X angewandt werden kann, gemeinsam sind; die Zusammenstellung solcher Merkmale ergäbe dann die Definition. Hier wie in den Naturwissenschaften kommen wir jedoch durch Häufung der Beobachtungen nicht zur Gewissheit; diese liefert nur das Experiment. Wir müssen einem Objekte ein einziges Merkmal nehmen und uns dann fragen: ist der Begriff X jetzt noch anwendbar? Mit dieser Methode, die sich als ‚Begriffsexperiment' bezeichnen lässt, seien die biologischen Grundbegriffe untersucht.

Zunächst Organisch. Wir denken uns, es werde ein Gebilde gefunden, welches dieselbe Art von Struktureigentümlichkeiten zeige, wie Pflanzen und Tiere, aber seine stoffliche Beschaffenheit sei eine andere; es enthalte keinen Kohlenstoff. Niemand wird anstehen, ein solches Gebilde als Organismus zu bezeichnen.

Nun denken wir uns ein anderes, dieselben Stoffe enthaltend, wie unsere Organismen, ferner Regelmässigkeiten aufweisend, wie sie uns in der Natur an Schneeflocken und so fort begegnen, also etwa Fleischkrystalle; sofort erkennt man, dass hier zur Anwendung des Begriffes Organismus etwas fehlt: die Regelmässigkeiten sind nicht derart, dass sie gewisse Funktionen ermöglichen. Dass die Regelmässigkeiten der Struktur Regelmässigkeiten einer besonderen Art sind, ist also ein wesentliches Merkmal des Organischen.

Denken wir uns nun einen Körper, versehen mit solchen Regelmässigkeiten der Struktur, und etwa einer bestimmten Pflanze ähnlich; in einem Punkte unterscheide er sich von ihr: er sei mit Hilfe physikalischer und chemischer Kenntnisse nach dem Muster jener Pflanze künstlich hergestellt worden. Dieses eine Merkmal schliesst sofort die Anwendung des Begriffes Organisch aus.

Zwei Merkmale also sind ihm wesentlich: Regelmässigkeit einer besonderen Art und Naturgesetzlichkeit dieser Regelmässigkeiten.

Es lässt sich ebenso wie organische Beschaffenheit, auch Leben an Körpern verschiedener chemischer Zusammensetzung denken; eine bestimmte stoffliche Zusammensetzung des Substrats ist also dem Begriffe des Lebens nicht wesentlich.

Denken wir uns nun an einem Körper regelmässige Vorgänge; sagen wir optische Vorgänge, wie sie auch am menschlichen Auge stattfinden könnten, aber mit derjenigen Regelmässigkeit, wie sie einem bestimmten Krystalle eigen ist, wenn Lichtstrahlen auf ihn fallen. Sind diese Vorgänge und andere Vorgänge physikalischer und chemischer Art die einzigen an jenem fingierten Körper, so kann man bei ihm nicht von Leben sprechen.

Endlich denke man sich eine Maschine von solcher Konstruktion, dass sie eine Funktion ausübe, wie sie von einem Organismus ausgeübt wird; sie verarbeite gewisse Stoffe zu einer bestimmten organischen Verbindung; sie sei, was man zweckmässig nennt, zweckmässig in dem Sinne der Umwandlung jener Stoffe in diese. Man frage sich: ist diese Umwandlung ein Lebensvorgang?

Regelmässigkeiten von einer bestimmten Form mit naturgesetzlichem Charakter also sind der Inhalt der Begriffe Organisch und Leben; die Grenze zwischen Biologischem und Nichtbiologischem liegt bei Coexistenzen und Successionen im Vorhandensein oder Nichtvorhandensein von Naturgesetzmässigkeiten einer besonderen Art.

§ 9.

Besonderheit des Biologischen, an typischen Thatsachen untersucht.

Wir kommen zu den Thatsachen. Nicht einige Naturspiele, nicht etwelche hypothetische Vorgänge an unsichtbar kleinen Körperteilen oder in wenig bekannter Vorzeit, sondern das ganz Alltägliche zeigt die gemeinten Gesetzmässigkeiten: der Bau unserer Hände, eine normale Geburt, die Verdauung einer Hauskatze, jedes Spinnengewebe, jeder Apfel, die Entstehung eines beliebigen Schmetterlings aus Ei, Raupe und Puppe, die Heilung irgend einer Hautabschürfung, kurz der ganze Bereich des Lebens. Die Thatsachen, die wir anführen, sind durchaus nur Beispiele; jeder unbefangene Beobachter des Lebenden kann sie ins Unbegrenzte vermehren; hier Vollständigkeit anzustreben, wäre ebenso absurd, wie alle Fälle kausaler Gesetzmässigkeit aufzählen zu wollen.

Wir wenden uns zuerst zu den Eigentümlichkeiten der Struktur.

DARWIN, Die Abstammung des Menschen und die geschlechtliche Zuchtwahl (übersetzt von CARUS) 3. Auflage, 1875, entnehmen wir folgende Beispiele protektiver Färbung.

a) Bei Vögeln.

(II 184.) „wir wissen, dass Schneehühner, während sie ihr Wintergefieder in das Sommerkleid umwandeln, die ja beide für sie protectiv sind, bedeutend durch Raubvögel leiden.“

(II 207.) Nur in tropischen (immergrünen) Wäldern finden sich ganze Vögel-Gruppen von vorwiegend grüner Farbe. [Nach WALLACE, Westm. Rev., July 1867, p. 5.]

(II 207 f.) Die protektive Färbung von Vögeln am Boden (Rebhuhn etc.) ist bekannt. Die auffallendsten Beispiele bieten aber Wüstenbewohner: In der Sahara giebt es 26 Spezies mit offenbarer Farbenanpassung, die um so auffallender ist, als diese Färbung meistens von der der Gattungsverwandten abweicht.

b) Bei Fischen.

(II 16 f.) Die obere Fläche der Flunder ähnelt in der Farbe dem sandigen Meeresgrund. — Dabei sind manche rascher Anpassung an Farbenveränderungen fähig. [Nach POUCHET, l'Institut, Nov. 1871, p. 134]. — Ferner wird angeführt die „Meernadel, welche mit ihren röthlichen, flottirenden Fadenanhängen kaum von dem Seegras zu unterscheiden ist, an welches sie sich mit ihrem Greifschwanze befestigt.“ [Z. vgl. GÜNTHER, Proceed. Zool. Soc. 1865, p. 327, pl. XIV u. XV.]

c) Bei Eidechsen.

(II 34.) „im nördlichen Patagonien sah ich eine Eidechse (Proctotretus multimaculatus), welche, wenn sie erschreckt wurde, ihren Körper platt machte, die Augen schloss und dann wegen ihrer fleckigen Färbung von dem umgebenden Sande kaum zu unterscheiden war.“

d) Bei Schlangen.

(II 26.) Hier werden angeführt die „grünen Färbungen der Baumschlangen und die verschiedenen gefleckten Färbungen der Species, welche an sandigen Orten leben“.

e) Bei Schmetterlingen.

(I 407 ff.) Bei vielen Arten ist die obere Flügelfläche dunkler als die untere. — Bei der englischen Aurora ist die Farbe gleich derjenigen des Blütenkopfes der wilden Petersilie, auf welcher das Tier häufig nachts ruht.

Die untere Flügelfläche ist bei vielen Arten ebenso gefärbt wie der gewöhnliche Aufenthaltsort; da sie beim Ruhen nach oben gekehrt ist, hängt von ihrem Aussehen am meisten ab. Sie ist z. B. bei Thecla rubi smaragdgrün gleich den Blättern des Himbeerstrauches, bei Iphias glaucippe blassgrün wie ein blassgefärbtes Blatt.

Die geschlossenen Flügel gewisser Vanessae und anderer Schmetterlinge haben im Aussehen Ähnlichkeit mit der Rinde von Bäumen.

„Der interessanteste Fall ist der, den Mr. WALLACE [Westm. Review, July 1867; Holzschn. d. Kallima in HARDWICKE's Science Gossip, September 1867, p. 196] von einem gewöhnlichen indischen und sumatraner Schmetterling (Kallima) berichtet hat, welcher wie durch einen Zauber verschwindet, wenn er sich in einem Gebüsche niederlässt. Denn er verbirgt seinen Kopf und seine Antennen zwischen den geschlossenen Flügeln und diese können in ihrer Form, Färbung und Aderung von einem verwelkten Blatte in Verbindung mit dessen Stiel nicht unterschieden werden."

Bei manchen Arten findet sich eine Färbung, welche den Feinden Ungeniessbarkeit anzeigt. — Bei andern eine Nachahmung gefährlicher Arten. — Zuweilen dienen grosse, glänzende Flügel zum Schutze, indem sie die Verfolgung von lebensgefährlichen Teilen, wie es scheint, ablenken.

Bei den Motten sind die Vorderflügel sehr zweckmässig schattiert, wogegen die, in der Ruhe von den Vorderflügeln bedeckten Hinterflügel oft sehr glänzend sind.

G. H. MEYER fasst in seiner Statik und Mechanik des menschlichen Knochengerüstes, 1873, die Resultate seiner Untersuchungen über die Architektur der Spongiosa wie folgt zusammen: (Seite 45) „Die gegebene Darstellung des gegenseitigen Verhältnisses zwischen substantia spongiosa, substantia dura und grösseren Markräumen nöthigt zu einer ganz anderen Auffassung von dem Aufbau des einzelnen Knochens, als diejenige ist, welche davon geläufig ist, — namentlich wenn man noch mit in Berücksichtigung zieht, was früher gezeigt worden ist, dass der Durchmesser des Knochens massgebender für seine Widerstandsfähigkeit ist, als die Menge seiner Substanz.

„Der Knochen erscheint jetzt als ein Gebilde, welches mit möglichst wenig Aufwand an Material möglichst widerstandsfähig konstruirt ist, und zwar 1. indem das Material so auseinander gerückt ist, dass es ein grösseres Volumen einnimmt, als dieses im kompakten Zustande der Fall sein würde, und 2. indem die einzelnen Spaltungselemente (Plättchen, Stäbchen) so angeordnet sind, dass sie mit ihrer Längenrichtung in den Richtungen des stärksten Druckes oder Zuges liegen und somit in günstigster Weise ihre Widerstandsfähigkeit zur Geltung bringen können. Die zerblätterte Spongiosa erscheint deshalb als die primäre, typische Anordnung der Knochensubstanz und die Dura nur als eine accidentelle Modifikation der Spongiosa, bedingt durch lokale Koncentration der Widerstandskurven."

Eine ähnliche Anordnung fand SCHWENDENER bei den Bastzellen der Pflanzen (Das mechanische Princip im anatomischen Bau der Monocotylen, 1874).

PFEFFER, Pflanzenphysiologie. Ein Handbuch des Stoffwechsels und Kraftwechsels der Pflanze, 1881 (II 396). „Die Vertheilung der Chlorophyllkörper auf zwei opponirte Zellwandflächen entspricht, wie für cylindrische Zellen leicht einzusehen ist, dem Bestreben, für sämmtliche Chlorophyllkörner eine möglichst günstige Flächenstellung (oder Profilstellung) zu erreichen."

Unter den biologischen Begriffen begegnete uns der der Anpassung; das Thatsachenmaterial, welches diesem Begriffe zu Grunde liegt, ist so umfangreich, dass der Palaeontologe, wenn er ein seiner Umgebung schlecht angepasstes Lebewesen findet, annimmt, dass es eingewandert ist.

Von den zahlreichen Veränderungen, welche zum Beispiel Organismen erleiden, wann sie in ein wärmeres Klima versetzt worden, seien hier einige wenige angeführt.

WILCKENS, Form und Leben der landwirthschaftlichen Hausthiere, 1878 (Seite 640). „Eine Steigerung der umgebenden Temperatur bewirkt einen lebhafteren Kreislauf des Blutes, wodurch dasselbe rascher und (da die Blutgefässe sich durch den Wärmereiz erweitern, wahrscheinlich durch Lähmung der vom Sympathikus abstammenden Gefässnerven) im stärkeren Strome der Haut zugeführt wird, wo es Wasser verdunstet, das in Form von Schweiss abgesondert wird; das verdunstende Wasser entzieht dem Körper Wärme, so dass also die gesteigerte Umgebungstemperatur selbst die Vorgänge zur Abkühlung des Thierkörpers auslöst."

Nun denke man sich einen Menschen aus einem gemässigten Klima in ein tropisches versetzt. Auch bei ihm finden beträchtliche Veränderungen statt. So ändert sich die Hauttemperatur um einen Betrag von 4—5° C. Dabei bleibt aber die Eigenwärme fast unverändert! (Nach STOKVIS, De invloed van tropische gewesten op den mensch, in verband met kolonisatie en gezondheid, 1894, Seite 20). Dass die Beschaffenheit der Haut des Menschen sich tropischen Klimaten anpasst, ist bekannt genug.

STAHL, Regenfall und Blattgestalt. Ein Beitrag zur Pflanzenbiologie. Annales du Jardin Botanique de Buitenzorg, Vol. XI, 1893. — Hier ist durch Messungen festgestellt, in wie kurzer Zeit das Regenwasser in regenreichen Gegenden vermittelst besonderer Organisation der Pflanze von den Blattflächen entfernt wird. Dieser erleichterte Abfall entlastet das Blattwerk, leitet das vom Blattwerk aufgefangene Wasser zu den Wurzeln, reinigt die Blattoberfläche und befördert die Transpiration. Nun ist aber die „Träufelspitze“, eine der wasserableitenden Einrichtungen, nur in regenreichen tropischen Klimaten, in gemässigten Klimaten gleichfalls nur an den feuchtesten Standorten verbreitet, beziehungsweise stark ausgebildet. „Man wird daher kaum bezweifeln können, dass das Träufelorgan eine Anpassung des Blattes an regenreiche, feuchte Atmosphäre darstellt“ (l. c. Seite 135).

Siehe auch KNY, Über die Anpassung der Laubblätter an die mechanischen Wirkungen des Regens und Hagels (Berichte der Deutschen botanischen Gesellschaft. Band III, Heft 6, Seite 207 ff., 1885); JUNGNER, Anpassungen der Pflanzen an das Klima in den Gegenden der regnerischen Kamerungebirge (Botanisches Centralblatt, Band XLVII, Nr. 12, Seite 353 ff., 1891); WIESNER, Über ombrophile und ombrophobe Pflanzenorgane (Sitzungsberichte der Wiener Akademie, Mathematisch - Naturwissenschaftliche Classe, Band CII, Abteilung I, Seite 503 ff., 1893), Über den vorherrschend ombrophilen Charakter des Laubes der Tropengewächse (Ebenda Band CIII, Abteilung I, Seite 169 ff.); HABERLANDT, Anatomisch-physiologische Untersuchungen über das tropische Laubblatt II (Ebenda Band CIII, Abteilung I, Seite 489 ff., 1894 und Band CIV, Abteilung I, Seite 55 ff., 1895). So beurteilt denn auch der Palaeophytologe die mutmasslichen Niederschläge nach der Blattform. Vgl. POTONIÉ, Die Blattformen fossiler Pflanzen in Beziehung zu der vermutlichen Intensität der Niederschläge (Naturw. Wochenschrift Band VIII., Nr. 46, 1893).

Und jetzt denke man sich ein Thermometer in die Tropen gebracht. Auch bei diesem werden die veränderten Umstände Veränderungen herbeiführen; die Quecksilbersäule wird steigen, das ist die sofortige Reaktion; und je nach den Witterungseinflüssen wird das Zugrundegehen des Apparates in einem andern Tempo wie in einem gemässigten Klima stattfinden, womit die allmähliche Reaktion gekennzeichnet ist. Der Anpassung des Organischen steht die Verwitterung des Anorganischen gegenüber.

Unsern Beispielen zufolge scheint es den als Anpassung bezeichneten Vorgängen eigen zu sein, dass sie auf verschiedene Anlässe hin in ganz verschiedener Weise stattfinden, aber in jedem Falle durch die Veränderung das Selbe — eine bestimmte Körperwärme, ein bestimmter Schutz des Laubblattes — erreicht wird. Die Zustände, welche in dieser merkwürdigen Verknüpfung stehen, sind Körperzustände, von denen wir, wie von allen anderen Körperzuständen erwarten, dass sie Kausalgesetzmässigkeiten zeigen; eine Ähnlichkeit mit solchen ist aber bei jenen anscheinend gleichfalls gesetzmässigen Anpassungsvorgängen nicht zu bemerken; denn gerade in der Variabilität der Antecedentien und Succedentien scheinen sie zu bestehen, und als ein wesentliches Merkmal der Kausalzusammenhänge haben wir die Konstanz der zusammenhängenden Glieder erkannt.

Der Gebrauch eines Organs hat Folgen, die normaler Weise mit Regelmässigkeit eintreten; sie scheinen gleichfalls in einem naturgesetzlichen Zusammenhang zu stehen, welcher kein Analogon in der leblosen Natur hat.

Bekanntlich sind in den letzten Dezennien zahlreiche Beispiele ‚Funktioneller Anpassung', insbesondere durch das Verdienst amerikanischer Palaeontologen, neu bekannt geworden. Vgl. u. A. Cope, On the Evolution of the Vertebrata progressive and retrogressive, American Naturalist, Febr.—April 1885; ferner The Origin of the Fittest, Essays on Evolution, 1887, part III; The primary factors of organic evolution, 1896, in welchem Werke (auf Seite 528 und folgende) man auch eine Zusammenstellung der einschlägigen amerikanischen Litteratur findet. (Dagegen schreitet Gaudry, Essai de Paléontologie Philosophique, 1896, von der merkwürdigen Thatsache „l'influence, que l'exercice a sur les organes" (Seite 201) rasch zu allgemeineren Betrachtungen fort.)

Vielleicht zeigen sich solche Vorgänge nicht bei einfacher organisierten Lebewesen.

Engelmann, Beiträge zur Physiologie des Protoplasma, Pflüger's Archiv für die gesamte Physiologie, Band II., 1869, Seite 307 ff. Hier findet man Beobachtungen über Gasentwickelung im Protoplasma einzelliger Wesen, nämlich Arcellen und Amoeben. „Die Volumänderungen finden meist bei allen Luftblasen desselben Thieres gleichzeitig in gleichem Sinne und in gleichem Maasse statt. Es kommen aber nicht wenig Ausnahmen vor. Häufig wachsen oder verkleinern sich einige viel schneller als die anderen. Es kann selbst geschehen, dass eine Luftblase kleiner wird, während eine andere — gewöhnlich eine gegenüberliegende — zunimmt.

Alle diese Änderungen sind durchgehends vollkommen zweckmässig. Das Entstehen und Wachsen der Luftblasen bezweckt, das Thier in eine solche Lage zu bringen, dass es sich mittelst seiner Pseudopodien festhalten kann. Ist dieser Zweck erreicht, dann verschwindet die Luft, ohne dass man im Stande ist, einen anderen Grund für dieses Verschwinden zu entdecken.“ (Seite 311).

Hier ist es instruktiv, mit dem in verschiedene Lagen gebrachten Organismus eine in verschiedene Lagen gebrachte Maschine zu vergleichen.

Man könnte jedoch vermuten, nur ganze Organe zeigten Anpassung an eine Funktion, Abwehr von Schädlichkeiten, und bei kleineren Teilen, bei den Zellen etwa, sei dergleichen nicht zu bemerken.

Hofmeister sagt in seinen Untersuchungen über Resorption und Assimilation der Nährstoffe (Archiv für experimentelle Pathologie und Pharmakologie, Band XIX, 1885) über den „cellulären Transport“ (Seite 5): „Der Verkehr, welcher zwischen der resorbirenden Stätte im Darm einerseits, den ersatzbedürftigen Organen andererseits besteht, gleicht dem Handelsverkehr, der sich auf einem grossen, bewohnte Gegenden durchströmenden Flusse entwickelt. Die an Natur- und Industrieproducten reichen Landschaften führen den Überschuss ihrer Erzeugnisse den minder productiven Gegenden zu. Zahlreiche, mit verschiedenen Waaren beladene Schiffe vermitteln den Verkehr. Sie legen bald bei dieser, bald bei jener Stadt an, jenachdem gerade hier oder dort Bedarf nach den geführten Artikeln besteht. Ist der unmittelbare Bedarf gedeckt, so wird der Überschuss der Ladung an besonders günstiger Stelle in Vorrathsräumen untergebracht, um für den Verbrauch stets bereit zu stehen. Kaum je geschieht es, dass das Schiff seine Ladung dort an's Land bringt, wo es an Abnehmern dafür mangelt, wo an eine Verwendung für die geführten Waaren nicht zu denken ist.

„Würde, um das Gleichniss festzuhalten, der Transport nicht auf eigenen Fahrzeugen, also extracellulär erfolgen, so hiesse das so viel, als dass die Producenten ihre Waaren nicht zweckmässig gelenkten Schiffen, sondern unmittelbar dem Strome, wenngleich zunächst vor Verderbniss und Untersinken geschützt, anvertrauten. Es ist klar, dass es dann ganz dem Zufall anheimgestellt bliebe, ob die auf dem Strom schwimmende Waare an bewohnter Stätte oder an wüstem Ufer an's Land getrieben würde; dass die eine Gegend überreichlich mit Strandgut gesegnet wäre, die andere ganz leer ausginge; dass das herrenlose Gut zum grössten Theile nicht in die Hände gelangen würde, für die es ursprünglich bestimmt war, und ein nicht geringer Antheil, dem Strome folgend, schliesslich in's Meer geführt und so bleibend dem Verkehr entzogen würde.

„Welche Art des Waarenverkehrs für die Verproviantirung der am Strome gelegenen Ortschaften die günstigere ist, leuchtet ohne Weiteres ein. In dem einen Falle eine planmässige, durch den Bedarf geregelte Vertheilung der Güter, in dem anderen ein zweckloses Verschleudern. Allerdings, ein zweckmässiger Waarenverkehr setzt eine zweckbewusste Lenkung der beladenen Fahrzeuge voraus. Sind wir aber berechtigt, eine ähnliche zweckbewusste Leitung auch bei den im Organismus kreisenden, nährstoffbeladenen Zellen anzunehmen?“

Auch die Krankheitsvorgänge bilden keine Ausnahme. Eine ganze Anzahl der hervorragendsten Pathologen fühlte sich in neuerer Zeit gedrängt, das spezifisch Biologische der Reaktion des Körpers auf Schädlichkeiten hervorzuheben, und an selbstbeobachteten und feststehenden Thatsachen zu demonstrieren.

Vgl. Leber, Die Entstehung der Entzündung und die Wirkung der entzündungerregenden Schädlichkeiten. Nach vorzugsweise am Auge angestellten Untersuchungen, 1891. Folgende wenige Einzelheiten entnehmen wir Leber's zusammenfassender Darstellung der Entzündungsvorgänge (Seite 529 und folgende): „Die Entzündung stellt sich als eine Reihe von Einzelvorgängen dar, welche, sämmtlich durch die Einwirkung der Schädlichkeit hervorgerufen, dem Zweck, diese zu bekämpfen, dienstbar sind.

„Am ausgesprochensten ist dies bei der acuten, eitrigen Entzündung, wo die grosse Intensität des fremden Eingriffs eine möglichst wirksame Gegenwehr erfordert.

„Ist hier durch die Wirkung der Schädlichkeit auf die Gefässe eine lokale Erweiterung derselben mit Verlangsamung des Blutstroms und als deren Folge Randstellung der Leukocyten eingetreten, so wandern diese aus den Gefässen aus und streben, nach dem Orte des Concentrationsmaximums der schädlichen Substanz zu gelangen.

„Ursache dieser Wanderung ist die chemotaktische Wirkung der Entzündungsreize auf die contractilen Leukocyten; ihr Zweck, die Anhäufung einer reichlichen Menge dieser Zellen am Orte der Schädlichkeit, welche zur Bekämpfung derselben bestimmt sind.“

Ausser den von Leber angeführten Arbeiten der Pathologen Metschnikoff, Marchand, Arnold und Neumann sind aus neuerer Zeit die folgenden Vorträge zu nennen: Rindfleisch, Ärztliche Philosophie, 1888, Ackermann, Mechanismus und Darwinismus in der Pathologie, 1884; Podwyssozki, Die Reservekräfte des Organismus und ihre Bedeutung im Kampfe mit der Krankheit, 1894 (Deutsch von Svenson im selben Jahre); Ziegler, Die Zweckmässigkeit pathologischer Lebensvorgänge M.

M. W. Nr. 43, 1896, der mit Recht hervorhebt, dass ein Teil der Krankheitsprozesse als Lebenserscheinungen nicht der erkrankten, sondern der krankheitserregenden Organismen zu betrachten sei; BUCHNER, Über die natürlichen Hülfskräfte des Organismus gegen die Krankheitserreger, M. M. W. Nr. 30, 1894 und Biologie und Gesundheitslehre (Versammlung Deutscher Naturforscher und Ärzte zu Frankfurt am Main; abgekürzt in D. M. W. Nr. 39 und W. M. Pr. Nr. 39), 1896.

Ins Ungemessene liessen sich unsere Beispiele vermehren. Die allgemeine Beobachtung schon vermag es zu thun.

Kaum wird man sie besser anregen können, als es LAMARCK gethan hat mit der folgenden Bemerkung (Philosophie zoologique, 1809, Tome second, p. 109): „avec de l'herbe ou du foin, le cheval forme, par l'action de ses organes, son sang, ses autres humeurs, sa chair ou ses muscles; la substance de son tissu cellulaire, de ses vaisseaux, de ses glandes; ses tendons, ses cartilages, ses os; enfin, la matière cornée de ses sabots, de son poil et de ses crins.“

In unvergleichlich reicherer Weise noch bietet sich dem Forscher das Material. Der Zoologe weiss, dass die Vogelknochen Luftsäcke statt Mark enthalten, ein Faktum, dessen Zusammenhang mit dem Fliegen man kennen oder nicht kennen, wohl aber kaum bestreiten kann. Der Gynäkologe erkennt an den Zuständen der Schwangerschaft, am Gebärakte Zusammenhänge ähnlicher Form, wie der Physiologe an der Transpiration, am Ausstossen von Fremdkörpern im Niesen und Husten, der Botaniker an der Bildung einer Fruchtschale, der Entomologe an der Metamorphose eines Schmetterlings. Der Pathologe unterscheidet in ähnlicher Weise den Fremdkörper vom umgebenden Organismus, wie der Paläontologe die anorganischen von den organischen Befunden zu sondern weiss. Bei alledem sind die einzelnen Erscheinungen, die einzelnen Zustände, wenigstens ähnliche, an einem anorganischen Gebilde oder einem Artefakt auch denkbar; nicht aber ihr Zusammenhang.

Beim Überblick über typische Thatsachen wie die vorstehenden muss man wohl sagen: hier wie auch in der Physik enthalten die alltäglichen, überall zu beobachtenden, und daher dem oberflächlichen Beschauer nicht auffallenden Vorgänge eine Fülle von Problemen. Bekanntlich ist die Selbstverständlichkeit der von der Mechanik gelehrten Zusammenhänge eine scheinbare. Das sozusagen so Einleuchtende der Gravitation beruht offenbar auf Gewohnheit, denn nur die Erfahrung konnte die merkwürdige Thatsache lehren, dass ein Körper, wo immer dem freien Falle überlassen, mit derselben Anfangsgeschwindigkeit sich der Erde nähert. Es darf vielleicht angenommen werden, dass der menschliche Geist a priori eher erwartet haben würde, dass die Anfangsgeschwindigkeit desto grösser sei, je näher bei der Erde sich der Körper befindet. So werden wir denn auch bei unserem Gegenstande mit möglichster Vorsicht die Beziehungen zu formulieren haben, auf welche die Erfahrung hinleitet. Welcherlei Beziehungen zwischen Zellleib und Zellkern, zwischen Zelle und Nachbarzelle bestehen, Solches und Ähnliches sind Streitfragen; dass aber andere als nur kausale Zusammenhänge bestehen, ist wie im Vorausgegangenen gezeigt wurde, keine Frage. Selbst wenn die speziellen Gesetzmässigkeiten des Organischen anderweitig zu erklären sein sollten, würde das zu Erklärende zunächst der Beschreibung einen unabsehbaren Stoff bieten, den man nicht nebenbei behandeln oder gar übergehen kann.

§ 10.

Die biologische Formel.

Die Analyse biologischer Grundanschauungen (§ 7) führte uns darauf, dass eine besondere Art von Zusammenhang zwischen Erscheinungen am Lebenden angenommen werde; die Analyse typischer Beispiele solchen Zusammenhanges (§ 9) und der biologischen Grundbegriffe (§ 8) zeigte, dass

1.) eine besondere Art von Gesetzmässigkeit in der Struktur aller lebenden Wesen, und dass

2.) eine besondere Art von Gesetzmässigkeit in den Vorgängen an lebenden Wesen und in seelischen Vorgängen zu finden sei.

Dabei zeigte sich nicht etwa eine grössere Einfachheit der spezifisch biologischen Gesetzmässigkeiten bei Protozoen als bei Säugetieren, bei Vorgängen an einer Alge als bei seelischen Vorgängen; um die Form dieser spezifisch biologischen Gesetzmässigkeiten zu studieren, brauchen wir uns also nicht an die Beschaffenheit und das Leben der Zelle zu halten, sondern der ganze Bereich des Lebenden bietet Beispiele in unbegrenzter Zahl, unter denen die am genauesten bekannten diejenigen sind, welche sich am besten zur Analyse eignen werden.

Greifen wir zwei wohlbekannte Verknüpfungen von Thatsachen aus unseren Beispielen (§ 9) heraus; zuerst eine solche, welche die Besonderheit der organischen Struktur erläutert hat:

> Betrachten wir als Beispiel organischer Struktur die Anordnung der Spongiosa an einem beliebigen Punkte einer menschlichen Wirbelsäule. Sie ist derartig, dass sie den Eintritt gewisser mechanischer Leistungen ermöglicht (Siehe vorigen §, Seite 44 und folgende). Wir könnten unter vielen anderen typischen Thatsachen der Normalen Anatomie auch diese nennen: die Arkadenbildung der peripheren Blutbahn ist eine grössere oder geringere, je nach der Entfernung vom Herzen. Hierdurch wird die Blutversorgung eine gleichmässig regulierbare.

Warum glauben wir aber, dass die Anordnung der Spongiosa mit den Funktionen des Knochens (die Arkadenbildung mit der Blutversorgung, und so weiter) in Zusammenhang stehen müsse? Weil wir glauben, dass sie in Zusammenhang damit entstanden ist.

Zufällig in bezug auf ihre Ursachen ist die Beschaffenheit keines Teiles der Materie; der Organismus ist aber auch in bezug auf gewisse Succedentien nicht zufällig: die Gesetze der Entstehung müssen die Gesetzmässigkeiten des Entstandenen erklären. Auf nichts Anderes gründet sich die Überzeugung von der organischen Beschaffenheit eines Dinges, als auf die Überzeugung von seiner spezifisch biologischen Entstehung. Sollte es anders entstanden sein, so ist die organische Beschaffenheit Zufall, kann in jedem Momente aufhören, und kann unmöglich Gegenstand wissenschaftlicher Behandlung sein. Also

entweder ist die organische Beschaffenheit zufällig entstanden, dann kann sie an jeder Stelle und in jedem Augenblicke aufhören, weil Allgemeingiltigkeit stets nur die Folge von Notwendigkeit ist, und die Beschäftigung mit organischer Beschaffenheit ist eine Beschäftigung mit kuriosen Zufälligkeiten, methodisch auf einer Stufe stehend mit dem Studium des Blumenorakels, Bleigiessens und Kartenschlagens;

oder die organische Beschaffenheit ist nicht zufällig entstanden, besitzt daher Allgemeingiltigkeit, und die Beschäftigung mit organischer Beschaffenheit kann eine wissenschaftliche sein, methodisch auf einer Stufe stehend mit der wissenschaftlichen Untersuchung der Kausalgesetzmässigkeiten.

Indem man sich für eine spezifisch biologische Entstehung der

Organismen erklärt, welche in der anorganischen Natur kein Analogon hat, ist jedoch durchaus nichts präjudiziert über die Entstehung der Organismen überhaupt. Es ist nur damit gesagt: die Körperteile, deren Coexistenz uns jetzt als speziell organische Gesetzmässigkeit auffällt, sind schon bei ihrer Entstehung in notwendigem Zusammenhange miteinander gestanden; weil ihr Wachstum und ihre Veränderungen spezifisch biologisch, weil es Lebensvorgänge waren, deshalb ist ihr jetziger Zustand spezifisch organisch.

Wenn man sagt, eine bestimmte Farbe eines bestimmten Tieres stehe in naturgesetzlichem Zusammenhange mit dem Schutze des Tieres vor Verfolgern, meint man, dass sie in naturgesetzlichem Zusammenhange mit dieser Schutzfunktion entstanden, bei wechselnder Umgebung veränderlich, mithin Glied eines spezifisch biologischen Vorganges ist.

Sollte irgend eine Eigenschaft durch äussere Umstände, welche auf ihre Entstehung keinen Einfluss gehabt haben, der Weiterexistenz des Individuums oder seiner Nachkommenschaft förderlich sein [Zuchtwahl], so ist der Zusammenhang zwischen jener Eigenschaft und den äusseren Umständen — mögen sie der Besitzer eines Hühnerhofes [künstliche Zuchtwahl] oder ein Hagelwetter [natürliche Zuchtwahl] sein — kein notwendiger, sondern ein zufälliger, und insofern nicht Gegenstand der Wissenschaft.

Wenden wir uns daher zu einer typischen Thatsache biologischen Geschehens:

> Wir haben oben auf die, neuerdings durch viele Messungen festgestellte Anpassung des Tierkörpers an erhöhte Wärme hingewiesen. Wir reproduzieren WILCKENS' Darstellung hier und stellen einige der von ihm angeführten Kälteanpassungen daneben:

WILCKENS, l.c. „Eine Steigerung der umgebenden Temperatur bewirkt einen lebhafteren Kreislauf des Blutes, wodurch dasselbe rascher und (da die Blutgefässe sich durch den Wärmereiz erweitern, wahrscheinlich durch Lähmung der vom Sympathikus abstammenden Gefässnerven) im stärkeren Strome der Haut zugeführt wird, wo es Wasser verdunstet, das in Form von Schweiss abgesondert wird; das verdunstende Wasser entzieht	Ibid. (Seite 638). „Die durch Abkühlung bedingte Steigerung des Stoffwechsels wächst zuweilen im Laufe von Stunden so bedeutend, dass die innere Körpertemperatur des Thieres sehr beträchtlich zunimmt. Weil mit zunehmender Körpergrösse die Oberfläche in quadratischem, der Körperinhalt in kubischem Verhältniss wächst, so versteht es sich von selbst, dass grosse Geschöpfe bei gleicher Temperaturerniedrigung

dem Körper Wärme, so dass also die gesteigerte Umgebungstemperatur selbst die Vorgänge zur Abkühlung des Thierkörpers auslöst."

der Luft eine relativ kleinere Steigerung ihres Stoffwechsels bedürfen."

(Seite 640.) „Die Steigerung des Stoffwechsels in der Kälte wird aber nicht nur durch erhöhte Futteraufnahme bewirkt, sondern auch durch unwillkürliche Steigerung der Bewegungen. Alle Thiere bewegen sich in der Kälte rascher und energischer."

Die grosse Frage ist: was ist die Besonderheit solcher Vorgänge, welche von der wissenschaftlichen Sprache aller Zeiten, und auch der Gegenwart, als ‚Lebensvorgänge' bezeichnet werden? Die grosse Frage ist: wenn die ganze Natur betrachtet mit dem Glauben an die Allgiltigkeit der Kausalität den Gegenstand der Kausal-Forschung ausmacht, welches ist dann der spezielle Gegenstand der biologischen Forschung? Wir müssen zuvörderst aus der Gesamtheit der uns bekannten biologischen Gesetzmässigkeiten die kausalen ausscheiden. Nachdem alle Probleme, welche sich auf Kausalzusammenhänge beziehen, die im I. Kapitel behandelten Probleme der ‚Descendenz', ausgeschieden sind, bleibt eine Gruppe von Problemen übrig: die Probleme der ‚Ascendenz'*). Diese würden nicht verschwinden, wenn die Entstehung sämtlicher Organismen aus einer einzigen Zelle in unanfechtbaren Abstammungsreihen nachgewiesen wäre.

Wir sind damit an den wichtigsten Punkt der Untersuchung gelangt. Nochmals weisen wir darauf hin, dass sie nicht von einigen wenigen Regelmässigkeiten ausgegangen ist, sondern von den typischen Gesetzmässigkeiten der organischen Natur, dem ganz normalen Geschehen, wie es jeder in jedem Augenblicke an einer knospenden oder keimenden Pflanze, ja an seinem eigenen Körper beobachten kann. Diesem empirisch Gegebenen soll nicht eine Hypothese als Erklärung hinzugefügt, sondern es soll einfach formuliert werden.

Bei jeder beliebigen spezifisch biologischen Gesetzmässigkeit tritt ein physischer oder psychischer Zustand *d* in Zusammenhang mit einem

*) In welchem Sinne dieser Terminus hier verwendet wird, ergibt sich aus dem Zusammenhange.

früheren Zustand *c* ein; so folgt die Anpassung auf die veränderte Umgebung, auf den erhöhten Gebrauch des Organs, der Reflex auf einen Reiz, die Heilung auf eine Verwundung, das neue Wachstumsstadium ist durch das vorhergehende bedingt und so fort. Es scheint also nur ein Fall der in § 5 erwähnten ursächlichen Komplikation vorzuliegen, ein Zusammenwirken so variabler Bedingungen, dass es uns nicht möglich ist, die in ihnen enthaltenen Konstanten zu ermitteln und damit eine kausale Erklärung zu liefern. Aber wie? Anpassung, Reflex, organisches Wachsen waren uns ja gerade um dessentwillen als spezifisch biologisch aufgefallen, weil jeder dieser Vorgänge, so veränderlich er sein mag, eine konstante Folge *e* hat, und im Herbeiführen dieser konstanten Folge könnte man daher das wesentliche Merkmal des Lebens suchen.

So scheint unsere Betrachtung uns der Konstatierung von „Zweckursachen" zuzuführen. Das Schema wäre dann: auf ein variables *d* folgt ein konstantes *e*. Versucht man nun, dieses Schema auf irgend einen konkreten Fall anzuwenden, so kommt man zur Aufstellung von Gesetzmässigkeiten, welche die moderne Wissenschaft unmöglich aufstellen kann. Unmöglich kann sie sagen „diese Farbe ist so, wie es der Schutz erfordert"; denn, möchte es der Schutz noch so sehr erfordern, wenn der Organismus nicht die Stoffe enthielte, welche zum Produzieren jener Farbe erforderlich sind, so wäre sie sicherlich nicht vorhanden. Ebenso würden die Instinkte zu einem Ahnungsvermögen, das nur mit Künftigem in Verbindung stünde; aber der Instinkt hat bestimmte Bedingungen; Reize und Empfindungen müssen ihm vorausgehen, ohne welche er nicht eintritt, wenn sein Eintreten auch noch so wichtig für das Individuum wäre.

Es ist klar, dass die Reduktion auf Kausalgesetze das speziell biologische Moment eines Zusammenhanges unbeachtet lässt, die Reduktion auf Zweckursachen es beachtet, aber hingegen die berechtigten Forderungen der Kausalitätstheorie nicht erfüllt.

Der Leser vergegenwärtige sich einen spezifisch biologischen Vorgang! Auf eine Erscheinung *c*, die veränderlich ist, folgt eine Erscheinung *d*, die gleichfalls veränderlich ist, und auf diese eine Erscheinung *e*, die zu verschiedenen Zeiten, an verschiedenen Individuen die gleiche ist; *c* ist Teilursache von *d*, *d* Teilursache von *e*. Anders gesprochen: wenn *c* vorhanden ist, folgt *d* so, dass *e* eintritt. Die einzig korrekte Formulierung jeder spezifisch biologischen Successionsgesetzmässigkeit zeigt ein Naturgesetz, welches wir als teleologisches*) bezeichnen, und welches ist: ein

Notwendiger Zusammenhang zwischen drei Zuständen.

Die Notwendigkeit, welche wir jenen typischen Regelmässigkeiten beilegen, ist allerdings etwas Anempirisches; sie wurde als mitgebrachte Voraussetzung der empirischen Wissenschaften bereits zu Beginn der Untersuchung (§ 1) bezeichnet und ist auch da nicht zu beobachten, wo wir von Ursache und Wirkung sprechen. Allen empirischen Einzeldisziplinen, soweit sie unserer Definition nach Wissenschaften sind, ist dieses anempirische Moment gemeinsam. Nur unter der Voraussetzung von notwendigen Zusammenhängen im Naturlauf wächst mit jeder beobachteten Regelmässigkeit die Wahrscheinlichkeit für fernere Regelmässigkeit; wenn es Zufall ist, dass bei Wärmesteigerung bisher stets das Thermometer gestiegen ist, so wächst durchaus nicht von Beobachtung zu Beobachtung die Wahrscheinlichkeit, dass dieser Zufall weiterbestehe. Ein Gleiches gilt von den spezifisch biologischen Regelmässigkeiten. Einer häufigen Verwechslung gegenüber verdient es nochmals hervorgehoben zu werden, dass der Gegensatz zu ‚Zufall' nicht ‚Kausalität' heisst, sondern ‚Notwendigkeit'. Diese ist die metaempirische Voraussetzung aller empirischen Wissenschaft, der kausalen so gut wie der teleologischen.

Von hier ab werden wir daher den Terminus ‚Teleologisch' für dreigliedrige notwendige Zusammenhänge gebrauchen, also für diejenige Klasse von Zusammenhängen, welcher die spezifisch biologischen Gesetzmässigkeiten angehören. Die drei Glieder einer solchen Gesetzmässigkeit bezeichnen wir als Teleologisches Antecedens, Medium und Succedens, oder auch als erstes, zweites und drittes Glied.

Wir definieren demgemäss organische Beschaffenheit, biologische Vorgänge als teleologische Beschaffenheit und teleologische Vorgänge.

*) Natürlich sind unsere Vorstellungen von der Teleologie der lebenden Natur verschieden von denen früherer Zeiten; ebenso die von der Elektricität von denen GALVANI's oder VOLTA's, die vom Sauerstoff von denen LAVOISIER's; es findet eben bei allen wissenschaftlichen Bezeichnungen durch Bereicherung und Berichtigung der Erfahrung ein Bedeutungswechsel statt. Die Naturforschung sollte aber dagegen protestieren, dass nach Belieben für eine schon längst bekannte Gruppe von Thatsachen neue Termini gebildet werden: sind Thatsachen eine Zeit lang verkannt worden, dann ist es korrekt, sie unter ihrem ehemaligen Namen wieder einzuführen, nicht aber durch neue Namen zu insinuieren, dass der Hauptsache nach die Älteren geirrt, die Neueren richtig gesehen hätten.

Die Bedeutung der sekundären biologischen Begriffe wie Organ, Anpassen, Korrelation der Teile, Wachsen, Dysteleologisch ergiebt sich nun von selbst. Den beiden letzteren sei noch eine Erläuterung gewidmet.

In der Anerkennung einer Dysteleologie liegt die Anerkennung einer besonderen Art von Gesetzmässigkeiten beim Organischen. Niemanden wird es einfallen, den Granit naturwissenschaftlich dahin zu charakterisieren, dass er zum Häuserbau ungeeignet sei. Erst in dem Momente, da ein naturgesetzlicher, also nicht zufälliger Zusammenhang zwischen der Beschaffenheit und der Funktion eines Stückes Materie anerkannt wird, wird der höhere oder geringere Grad der Eignung ein Problem der Wissenschaft.

Vgl. in einem der vorigen Paragraphen HELMHOLTZ über eine Dysteleologie am Auge.

Die Apparate im Laden eines Optikers auf ihre Angepasstheit zu ihren Funktionen zu untersuchen, kann Resultate für die Technik liefern; wenn es eine Million ganz gleicher Optikerläden gäbe, so könnte es uns auch Kenntnis von ununtersuchten Gegenständen verschaffen; aber einen naturgesetzlichen Zusammenhang zwischen der Beschaffenheit und der Funktion eines künstlichen Auges zu suchen, wäre absurd. Artefakte können nicht dysteleologisch im wissenschaftlichen Sinne sein.

So werden wir also zum Beispiele bezeichnen:

die normale Behaarung eines Hundes ihrer Form nach als . . . . teleologisch,
die krankhaft veränderte Behaarung eines Hundes ihrer Form nach als . . . dysteleologisch,
die künstlich zugeschnittene Behaarung eines Hundes ihrer Form nach als . ateleologisch.

Die Wachstumsteleologie werden wir wohl als einen speziellen Fall der Veränderungsteleologie betrachten dürfen, und körperliche Veränderungen hätten wir nach der zur Zeit dominierenden chemischen Theorie als Lageveränderungen von Molekülen aufzufassen. In der Körperwelt bestünde die Teleologie demnach darin, dass ein Molekel nach teleologischen Gesetzen seine Lage verändert. Ob und von wann ab aufgenommene Nahrungspartikel als Teile des Organismus zu betrachten sind, hängt somit davon ab, ob und von wann ab ihre Bewegung teleologisch ist.

— Das Unterscheidende der Wachstumsteleologie dürfte darin bestehen, dass bei ihr das teleologische Antecedens beim Eintritt des Medium bestehen bleibt und mit dem Medium zusammen den Eintritt des Succedens bedingt, während bei den übrigen teleologischen Successionen der als erstes Glied bezeichnete Zustand den Eintritt des dritten Gliedes unmöglich machen würde und aufhört beim Eintritt des zweiten.

Zeitliches Verhältnis zwischen 1. und 2. Glied.

Es wurde in § 5 gesagt, das Succedieren der Wirkung auf die Ursache werde von der modernen Wissenschaft als unmittelbares betrachtet. Das Gleiche gilt von der Succession des Medium auf das Antecedens. .Wenn also eine unendliche Anzahl von aufeinander folgenden Zuständen an dem spezifisch biologischen Verhältnisse zu partizipieren scheint, so wird man doch im strengsten Sinne als erstes und zweites Glied nur zwei Zustände bezeichnen können, die durch ein Zeitdifferential von einander getrennt sind.

Zeitliches Verhältnis zwischen 2. und 3. Glied.

Ein Gleiches gilt nicht von dem zeitlichen Verhältnis zwischen zweitem und drittem Gliede. Ein grosser Teil der dritten Glieder tritt für das Schmetterlingsei im Leben der Raupe, für die Raupe im Leben der Puppe, für die Puppe im Leben des Schmetterlings ein. Man stelle sich nur vor, dass uns nur ein Stadium, zum Beispiele die Puppe, bekannt wäre, und sofort wird man erkennen, dass dann die Bildung von Flügeln, Saugröhre und so weiter teleologisch unverständlich bliebe.

Das 1. Glied.

Das erste Glied scheint häufig in zwei Faktoren zu zerfallen, einen innern und einen äussern. Es ist leicht einzusehen, dass diese Zerlegung — die oft praktisch ist, und um dessentwillen auch im Folgenden zuweilen angewandt wird — nichts an dem Faktum ändert, dass das erste Glied des spezifisch biologischen Zusammenhanges ebenso gut wie das erste Glied des kausalen ein einheitlicher Zustand ist. Denn unter Umgebung eines Organismus pflegt man ja nicht die räumlich anstossenden Körper insgesamt zu verstehen, sondern nur die äusseren Umstände, insofern als sie auf den Zustand des Organismus Einfluss haben, anders gesprochen: insofern sie die Qualität des ersten Gliedes mitbestimmen. Wir werden die räumlich angrenzenden Körper als Umgebung, die Umgebung, sofern sie einen Teil des ersten Gliedes bildet, als dessen äussern Faktor bezeichnen.

Im einzelnen ist es leicht einzusehen, dass die Grenze zwischen innerem und äusserem Faktor des ersten Gliedes keine scharfe ist. So pflegt man die Umgebung, soweit sie ständig einwirkt, miteinzubegreifen in die ‚Beschaffenheit des Organismus'. Ferner sind

1.) Lebensweise,
2.) Wohnung,
3.) Nahrung

nicht durch wesentliche Merkmale von einander unterschieden, und dürfte es eine anthropoide Vorstellung sein, 1) gegenüber 2) und 3) als etwas durchaus Anderes zu betrachten; der Unterschied ist wohl ein quantitativer, insofern die Beschaffenheit der Lebensweise Bewegung ganzer Organe, Wohnung und Nahrung dagegen Bewegung von Organteilen zu bedingen pflegen.

Das 2. Glied.

Das zweite Glied ist offenbar ein Zustand des Organismus. Auch wenn mit einem bestimmten Organismus eine bestimmte anorganische Umgebung stets coexistierte, so könnte es bei genügend genauer Kenntnis der Vorgänge doch nicht zweifelhaft sein, wo die Umgebung aufhört und der Organismus anfängt; denn nur der letztere zeigt teleologisch eintretende Zustände.

Die Abhängigkeit des zweiten Gliedes nicht nur vom dritten, sondern auch vom ersten Gliede, nicht nur von Succedentien also, sondern auch von Antecedentien, ist wohl ein Zusammenhang, dessen Erkenntnis der älteren Teleologie fehlte; mit Recht konnten die Gegner teleologischer Betrachtung anführen, dass die Vorgänge an Organismen durchaus nicht im Sinne einer unbegrenzten Zweckmässigkeit stattfänden; eine unbegrenzte Zweckmässigkeit würde dann bestehen, wann jeder beliebige Zustand, der geeignet wäre, das teleologische Succedens herbeizuführen, eintreten könnte. Davon ist jedoch gar keine Rede; vielmehr ist es das Wesen der organischen Zweckmässigkeit — im Unterschiede von einer fiktiven absoluten, unbegrenzten Zweckmässigkeit — relativ zu sein; die Variation des ersten Gliedes kann nur in einer gewissen Breite stattfinden, seine Werte können sich nur zwischen bestimmten Grenzen bewegen, und der Wert, den das zweite Glied annimmt, hängt nicht nur von dem konstanten dritten Gliede ab, sondern auch von dem jeweils gegebenen Werte des ersten; woraus folgt, dass auch die Werte des zweiten Gliedes sich zwischen bestimmten Grenzen bewegen müssen.

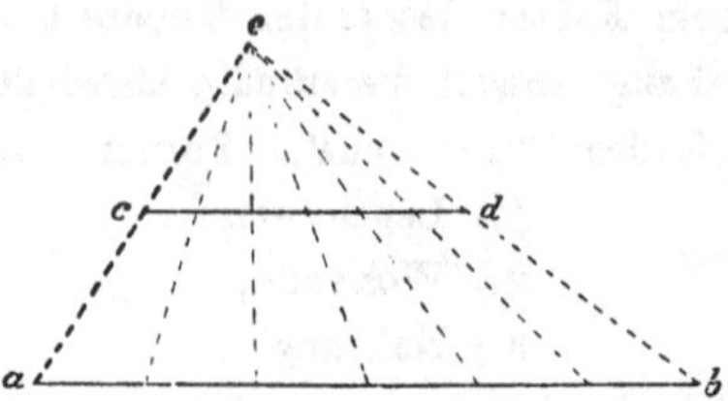

Wenn das erste Glied zwischen *a* und *b* variieren kann, so kann das zweite nur zwischen *c* und *d* variieren.

Hierzu ist zu vergleichen, was der Kritiker des Darwinismus, GUSTAV WOLFF, gegenüber KUPFFER's Interpretation der HERBST'schen Garneelenversuche bemerkt; HERBST hatte beobachtet, dass bei Krebsen statt des abgeschnittenen Auges zuweilen eine Antenne produziert werde, und KUPFFER hat in der Erzeugung des unvollkommeneren Sinnesorgans eine Unzweckmässigkeit gesehen; in seiner Rede zur Eröffnung der zehnten Versammlung der Anatomischen Gesellschaft (Ergänzungsheft zum XII. Band des Anatomischen Anzeigers, 1896) führte er, unter Anerkennung der teleologischen Betrachtungsweise im allgemeinen, als Beleg für deren Schranken die HERBST'schen Versuche an. „Ist es zweckmässig" frägt KUPFFER, „dass ein verlorenes Auge durch eine unvollkommene Antenne ersetzt wird? Ist es zweckmässig, dass dieses ganz andersartige Organ von dem Sehnerven innervirt, mit der Sehsphäre in Verbindung gebracht wird? Hier versagt der teleologische Gesichtspunkt, es liegt eine Verirrung in teleologischem Sinne vor." „Eine solche Begrenztheit" bemerkt demgegenüber WOLFF (Zur Psychologie des Erkennens, 1897, Seite 19) „ist aber noch keine Unzweckmässigkeit, und der Zweckmässigkeitscharakter der organischen Bildungsthätigkeit wird dadurch nicht alteriert, dass er seine Grenzen hat, vor denen er Halt machen muss. Es handelt sich also nicht um eine quantitativ unbeschränkte Potenz, sondern nur um eine Potenz von eigentümlicher Qualität, nämlich dem Zweckmässigkeitscharakter, und dieser kann, (falls nicht gleich die beste aller möglichen Welten verlangt wird) auch bei einem erfolglosen Versuche vorhanden sein, er könnte also bei der in Rede stehenden Antennenbildung möglicherweise selbst dann vorhanden sein, wenn sich diese Antenne als absolut unbrauchbar und nutzlos erwiesen haben sollte, denn der Charakter der Bestrebung ist auch hier nicht vom Erfolge abhängig.“ Nicht nur vom Erfolge abhängig, möchte ich sagen; die teleologische Richtung ist wie jede Richtung nicht durch einen Punkt, den Erfolg, sondern erst durch zwei Punkte bestimmt, nämlich Erfolg und gegebenen Anfangszustand.

Das 3. Glied.

Neben der Vernachlässigung des ersten Gliedes verschuldete insbesondere die Willkürlichkeit bei der Annahme von dritten zahlreiche Irrtümer. Uns an das Sichere, allgemein Angenommene haltend, dürfen wir nur sagen: das dritte Glied ist ein Zustand des Organismus oder seiner direkten Nachkommenschaft. Im übrigen ist der Inhalt des dritten Gliedes durchaus nicht durch die Form der spezifisch biologischen Gesetze im voraus bestimmt; insbesondere muss schon hier vor allzu grosser Allgemeinheit gewarnt werden, da sehr häufig für jedes teleologische Geschehen am Organismus das dritte Glied in der „Erhaltung der Art“ erblickt wird.

Die Behauptung ‚auf *a* succediert *m* teleologisch zu *s*‘ schliesst nicht die Behauptung ein, dass *s* in jedem Falle eintritt. So schneidet der Tod den Eintritt von dritten Gliedern ab; aber auch sonst erkennen wir in vielen Fällen einen organischen Vorgang als teleologisch zu einem Zustande, welcher sich nicht realisiert: der gefangene Vogel zerzupft Watte in einer Weise, die offenbar in Zusammenhang mit dem Nestbauen steht, erwachsene Katzen machen zuweilen Saugbewegungen, die in einem früheren Lebensalter zur Realisierung des Succedens geführt hätten, etc.

Zahlreiche Untersuchungen der Frage, ob organische Bildungen teleologisch zur realen oder normalen Lage des Eies und so weiter stattfinden, liegen vor in ROUX, Gesammelte Abhandlungen über Entwickelungsmechanik der Organismen, 1895, und in dem, seit 1894 bestehenden Archiv für Entwickelungsmechanik der Organismen.

Ein negatives Merkmal von hoher Wichtigkeit ist endlich noch dem dritten Gliede beizulegen. Es ist nämlich durchaus nicht in der Natur dreigliedriger notwendiger Zusammenhänge begründet, dass das dritte Glied, bevor es eintritt, schon irgendwie in der Vorstellung vorhanden sein müsste. Es gab Zeiten, wo es ein Postulat zu sein schien, dass der blasende Wind von jemand erzeugt werde, der blase; ebenso halten manche es gegenwärtig für ausgemacht, dass Teleologisches von jemanden erzeugt werde, der Zwecke kennt, der weiss, was kommen wird. Unsere Analyse hat eine psychische Präexistenz des dritten Gliedes nicht ergeben; ja wir werden die Anschauung, dass das Succedens gewollt ist, als den ‚Teleologischen Anthropomorphismus' bezeichnen dürfen.

Der Teleologische Anthropomorphismus denkt sich den teleologischen Vorgang in aktionalistischer Weise nach dem Bilde: Handelndes Subjekt — Handlung — Zweck (so wie sich der Kausale Anthropomorphismus das Verhältnis zwischen Ursache und Wirkung nach Analogie desjenigen zwischen Handelndem Subjekt — Handlung denkt); in Zusammenhang mit der aktionalistischen Auffassung des teleologischen Vorganges steht die animistische des dritten Gliedes als des gewollten Zweckes, zu dem sich das zweite Glied als Mittel verhält. Wird bei der Kausalität das menschliche Müssen in die Natur verlegt, so hier das menschliche Wollen; wie es aber möglich ist, den Kausalbegriff von den ihm häufig anhaftenden anthropomorphistischen Elementen zu befreien (vgl. § 4), ebenso ist es möglich, sie aus dem Begriffe der Teleologie auszuscheiden.

Hingegen werden wir den Umstand, dass wir genötigt sind, ein Glied eines Zusammenhanges nach dem anderen ins Auge zu fassen, hier wie bei der Kausalität nicht als Zeichen eines anthroprozentrischen Vorurteils betrachten; sei es nun, dass wir bei einem vollständig bekannten Zusammenhang die drei Glieder nach der Reihe ihres Eintretens ins Auge fassen, sei es, dass wir bei einem teilweise unbekannten Vorgange aus dem ersten und zweiten Gliede das dritte, aus dem ersten und dritten das zweite, aus dem zweiten und dritten das erste berechnen. Will man hierbei von Anthropomorphismus reden, so muss man die gesamte Wissenschaft als anthropomorph bezeichnen.

Schliesslich werden wir die einzelne Gesetzmässigkeit hier ebenso wie bei der Kausalität als Fall eines Naturgesetzes auffassen dürfen.

Man kann die drei Glieder je als einen Wert einer abstrakten Grösse betrachten, im selben Sinne, wie wir in § 5 die realen Ursachen und Wirkungen als Werte abstrakter Grössen aufgefasst haben. Ein teleologisches Naturgesetz stellt sich somit dar als ein notwendiger Zusammenhang zwischen drei Grössen, von denen die erste und zweite variabel, die dritte konstant ist, und das teleologische Medium im allgemeinen als Funktion (im mathematischen Sinne) des Antecedens und Succedens:

$$M = f\ (A,\ S).$$

III. Kapitel.

Die teleologische Naturordnung.

Nachdem wir im vorhergehenden Kapitel auf analytischem Wege zur allgemeinsten Thatsache der teleologischen Naturordnung, nämlich zur Dreigliedrigkeit ihrer Gesetze, gelangt sind, wenden wir uns in diesem Kapitel zu einigen spezielleren Thatsachen. Dabei muss es unser Bestreben sein, bei jeder Gruppe von Erscheinungen zuerst das Sichere zu konstatieren, dann die Probleme zu formulieren; die Lösungswege endlich hat das letzte Kapitel zu behandeln. Dass das Problematische überwiegt, dürfte im Stande der teleologischen Forschung begründet sein.

---

§ 11.

Teleologische Komplikation.

Indem wir an die Aufgabe herantreten, mit der soeben gewonnenen Einsicht in die Form der organischen Gesetzmässigkeiten einen Überblick über deren Inhalt zu geben, müssen wir vorausschicken, dass mit diesem Überblick nicht über die Resultate der Einzelforschung abgeurteilt, ihren künftigen Entscheidungen nicht vorgegriffen werden soll. Vielmehr ergeben sich die nun folgenden Betrachtungen sozusagen von selbst, wenn man das Resultat unserer bisherigen Untersuchung mit allbekannten Dingen zusammenhält. Wir werden dabei vor allem den Fehler zu vermeiden haben, durch zu grosse Detaillierung individuellen Anschauungen Raum zu geben, und lieber auf den Vorzug einer weitgehenden Analyse verzichten.

So ist gleich die Erscheinung, die wir zunächst beschreiben, in ihren Umrissen bekannt genug, im einzelnen vielfach unaufgehellt. Vergleicht man ein künstliches Auge mit einem natürlichen, so fällt einem unter anderem dieser Unterschied auf: das künstliche Auge ist in seinen einzelnen Teilen einer bestimmten Aufgabe, der optischen nämlich, angemessen, während das natürliche überall eine Mehrheit von Zwecken*) erkennen lässt. Ein Körperteil *m* also coexistiert erstens mit einem Körperteil *n* teleologisch zu *o*, zweitens mit einem Körperteil *p* teleologisch zu *q*, und so fort. Im allgemeinen lässt sich wohl sagen, diese Erscheinung, welche als Teleologische Komplikation bezeichnet werden kann, sei das Ergebnis vieler, alter und neuer Anpassungen. Aber auch bei Vorgängen werden wir annehmen dürfen, dass ein Zustand zugleich zweites Glied von mehreren teleologischen Zusammenhängen ist.

Darüber, dass Zellen gleichzeitig Entwickelungs- und Erhaltungsfunktionen haben, vgl. Roux, gesammelte Abhandlungen über Entwickelungsmechanik der Organismen, 1895, I 409 (Anmerkung) und II 979 f.

Auch sei erinnert an das oben (Seite 46) aus Stahl, Regenfall und Blattgestalt, Angeführte über die vierfache Bedeutung der Wasserableitung bei Blättern in regenreichen Gegenden.

Sachs, Vorlesungen über Pflanzen-Physiologie. 1882 (Seite 20). Die Wurzelkappe

1.) erleichtert „mit ihrer glatten, schlüpfrigen Oberfläche bei ihrer konischen Form“ das Vordringen;

2.) schützt „zugleich das zarte Gewebe des Vegetationspunktes.“

Böse, Monographie des Genus Rhynchonellina Gemm. Palaeontographica, Band XLI, 1894 (Seite 69). „Die Begrenzungsleisten der Muskeleindrücke [bei dem ausgestorbnen Brachiopodengenus Rh. Gemm.] lassen einen dreifachen Zweck leicht erkennen:

1.) gewährten sie den Muskeln eine grössere und verstärkte Anhaftstelle,

2.) aber bildeten sie kräftige Stützen der Zahngruben und der Zähne und

---

*) Am Schluss des II. Kapitels ist die Teleologie der lebenden Natur ohne jeden Anthropomorphismus definiert und Teleologisch als Terminus empfohlen worden. Wir scheuen uns aber auch nicht, Worte wie das obige — ohne „“ und ohne s. v. v. — so zu gebrauchen, wie sie bis zum Inkrafttreten des Darwinischen ateleologischen Systems allgemein gebraucht und auch seitdem, selbst von Darwinistischen Philosophen und Naturforschern verwendet worden sind, wann sie von Thatsachen und nicht von Hypothesen sprachen.

3.) wird durch sie der unterste Theil der Cruren verdickt und die Möglichkeit des Abbrechens dieser Lamellen erschwert.

Wir haben es hier offenbar mit einer ausserordentlich zweckmässigen Einrichtung zu thun, welche ich übrigens auch bei anderen Brachiopodenfossilien, z. B. bei jurassischen Terebratuliden nicht selten beobachtet habe."

Hierher gehört auch das Zitat aus FECHNER, Elemente der Psychophysik, über die „Mehrheit von Zwecken", welche erreicht wird durch die „Vertheilung der psychischen Leistung auf zwei gleiche Hirnhälften beim Menschen und den höheren Thieren, und auf eine Mehrheit hintereinander liegender oder symmetrisch im Kreise geordneter ähnlicher Segmente bei den niederen Thieren". (Vgl. voriges Kapitel, Seite 37).

Ein wichtiges Problem liegt in der Frage, ob die teleologische Komplikation verschiedenen organischen Strukturen in verschiedenem Masse zukomme. Ob etwa Haaren und Nägeln in einem andern, wie Muskeln etc., ob der Schale eines Schaltieres in anderm, wie dem Tiere selbst.

§ 12.

Teleologische Mikroskopie.

Unter den typischen Thatsachen (§ 9) waren einige, welche zeigten, dass die teleologischen Gesetzmässigkeiten sich bei den kleinsten noch sichtbaren Körperbestandteilen ebenso zeigen wie am ganzen Organ und Organismus.

Auch bei den Bewegungen der Zellen im Ei ist es nicht anders. Vgl. zum Beispiel ROUX, Über die Selbstordnung (Cytotaxis) sich »berührender« Furchungszellen des Froscheies durch Zellenzusammenfügung, Zellentrennung und Zellengleiten. Archiv für Entwickelungsmechanik der Organismen, Band III, Heft 3; und Über die Bedeutung »geringer« Verschiedenheiten der relativen Grösse der Furchungszellen für den Charakter des Furchungsschemas nebst Erörterung über die nächsten Ursachen der Anordnung und Gestalt der ersten Furchungszellen. Ibid. Band IV, Heft 1.

Wenn nun die räumliche Analyse an Struktur und Vorgängen immer wieder aufs neue teleologische Verhältnisse zeigt, so ist es ebenso natürlich wie methodisch berechtigt, dass man auch über die Grenzen der Sichtbarkeit hinaus dreigliedrige Zusammenhänge annimmt. In der That hat selbst in den letzten Jahrzehnten wohl nie jemand ernstlich daran gezweifelt, dass diese Annahme begründet ist. Man halte — was immer instruktiv ist — die Angemessenheit eines Artefakts daneben. Der Baustein ist zur Ausfüllung einer bestimmten Stelle so weit geeignet, als er bearbeitet worden ist, und niemand wird annehmen, dass darüber hinaus die Molekeln eine Lage angenommen haben, welche zu den Aufgaben des Bauwerkes in Beziehung steht; ebenso kann man zwar von einem weichen Hute wohl sagen, er passe sich der Kopfform an, aber es ist klar, dass er das nur in seiner äusseren Gestalt, nicht aber in den feineren Teilen thut. Der naturgesetzlichen Dreigliedrigkeit also ist es eigen, dass sie nicht aufhört, wie weit wir auch die Beobachtung auf immer kleinere Partikeln ausdehnen mögen. Eine Grenze freilich setzt uns die Chemie, wenn sie lehrt, die Atome müssten im Organismus ebenso wie ausserhalb desselben zu Molekülen vereinigt sein; trotzdem würden wir, hier wie überall den Begriff des potentiell Unendlichen zu Grunde legend, sagen dürfen: die Teleologie organischer Coexistenzen und Successionen geht bis in das unendlich Kleine. Die selbe Grenze wäre übrigens auch den Erklärungen der Physik gezogen.

Über den Erklärungswert der teleologischen Mikroskopie sei folgende methodische Betrachtung vorweggenommen. Die wissenschaftliche Bedeutung der räumlichen Analyse besteht vor allem darin, dass wir hoffen können, indem wir den Stoff in seine Elemente zerlegen, uns auch elementaren Gesetzen zu nähern. Aber in der Biologie ist man neuerdings oft bei der räumlichen Analyse zu immer komplizierteren Hypothesen, das heisst zur Annahme immer zahlreicherer Gesetze gedrängt worden, weil dem Organismus als Ganzem nicht genug Aufmerksamkeit gewidmet wurde. Es kann nicht genug hervorgehoben werden, dass der Empirie primär der ganze Organismus gegeben ist. Deshalb müssen wir vor allem an ihm die Beschaffenheit der teleologischen Gesetze studieren. So hat die Physik ihre Kausalvorstellungen an der gesamten sichtbaren Natur gebildet und dazu weder des Mikroskops noch irgend welcher Hypothesen über das unsichtbar Kleine bedurft. Diese Hypothesen wurden dann gebildet, als die Form der physikalischen Gesetze bereits feststand. Ebensowenig wie stöchiometrische Erklärungen an der Form ätiologischer Zusammenhänge etwas zu ändern vermögen, können es histologische an den teleologischen Gesetzen. Aber die Möglichkeit ist vorhanden, dass die Mikroskopie teleologische Vorgänge in derselben Weise erkläre, wie die räumliche Analyse oft zur Erklärung von Kausalzusammenhängen führt: dann nämlich, wenn die kleineren Teile allgemeinere Gesetze zeigen als die grösseren Teile. In diesem Sinne ist eine Infinitesimal-Theorie denkbar, welche eine Ableitung der makroskopischen Vorgänge aus der teleologischen Mikroskopie ermöglicht.

Man wird wohl annehmen dürfen, dass verschiedene organische Körper und Körperteile nicht in gleicher Weise teleologische Mikroskopie zeigen. Aufgabe einer wissenschaftlichen Teleologie wäre es hier, ebenso wie bei der Komplikation, von so allgemeinen Statuierungen wie den obigen zu differenzierteren Erkenntnissen fortzuschreiten.

§ 13.

Teleologische Synthese.

Wenn wir beobachten, was

1.) unter zur Wahl gestellten Speisen gewählt wird,

2.) der Nahrung entnommen und was ausgeschieden wird,

3.) dem Blute von den verschiedenen Organen (Leber, Hoden und so weiter) entnommen wird und was nicht,

so ist eine Erscheinung nicht zu verkennen, die man als Teleologische Synthese bezeichnen kann. Sie besteht in der Unterordnung einer teleologischen Gesetzmässigkeit unter eine allgemeinere, in der Weise, dass das dritte Glied der ersteren Gesetzmässigkeit in der zweiten variabel und zweites Glied ist. Nachdem wir am Schlusse des II. Kapitels das *wesentliche* Merkmal des Lebensbegriffes erkannt haben, werden wir nicht anstehen, Synthese ebenso wie Komplikation und Mikroskopie als Merkmale gleichfalls gelten zu lassen, die in manchen der Anschauungen, Begriffe und Thatsachen der §§ 7, 8 und 9 deutlich erkennbar sind. Eine Charakteristik der organischen Materie auf Grund dieser Merkmale würde wohl für jeden einzelnen Stoffteil erwarten lassen

a.) Differenzierung je nach Umgebung (infolge der Komplikation),

b.) Differenzierung ins Unendliche (infolge der Mikroskopie),

c.) Differenzierung je nach Individuum, Art und so weiter (infolge der Synthese).

Hier ist auch des Ortes, hervorzuheben, dass die in diesem Buche vorgetragene Teleologie in der Synthese einen bestimmten Halt macht. Die Annahme einer über das Individuum oder seine direkte Nachkommenschaft hinausreichenden, oder gar kosmischen Teleologie beschäftigt uns hier nicht. Wir behandeln nur die sichere individuelle Teleologie alles Lebenden, auf deren Existenz bewährte biologische Grundbegriffe, die Anschauungen der Biologie beruhen, und welche sich in den als Lebensvorgängen bezeichneten Gesetzmässigkeiten ausdrückt.

Betrachten wir Bau und Verrichtungen eines Individuums, so finden wir teleologische Gesetzmässigkeiten mit den speziellsten dritten Gliedern; diese werden zu zweiten, wenn wir verschiedene Angehörige der betreffenden Spezies untersuchen; hier gefundene dritte Glieder sind zweite bei der Familie und so fort. Kurz, das vergleichende Studium, die Aufstellung von Reihen unter- und übergeordneter dritter Glieder (‚Teleologische Kette‘) erklärt die teleologische Synthese beim Individuum.

So würde die Lunge eines einzelnen Menschen, wenn sie das einzige untersuchte Atmungsorgan wäre, in manchen ihrer Aufgaben unerkannt bleiben, welche erkannt werden, wenn die Lungen verschiedener Menschen untersucht sind; weitere Aufgaben lehrt das Studium der Lungen anderer Wirbeltiere kennen; und die allgemeinsten Aufgaben werden wir dann verstehen, wenn wir die Tiere betrachten, wo an Stelle der Lunge ein anderes Atmungsorgan tritt. So erklärt hier wie überall das allgemeinere Gesetz das speziellere und werden erst durch Vergleichung die allgemeinen Gesetze bemerkt. Es gibt keine biologische Wissenschaft, welcher nicht Teleologische Ketten bekannt wären. Das, was diese von den Kausalketten (S. o. Seite 27) unterscheidet, ist, dass gemäss der Natur teleologischer Zusammenhänge jedes folgende Glied allgemeiner sein muss als das vorhergehende.

Wir geben schliesslich ein Schema der Synthese:

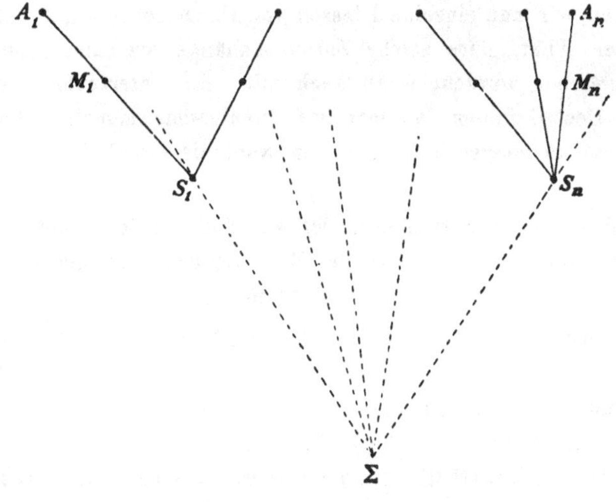

§ 14.

Verfolg auf das psychische und psychophysische Gebiet.

Bekanntlich hat die psychologische Forschung in der neueren Zeit grosse Fortschritte gemacht durch Anschluss an die Naturwissenschaften. Dieser Anschluss betrifft nicht nur die Methoden, sondern auch den Inhalt der Psychologie. Im allgemeinen wenigstens ist sie Ätiologie, wie wir schon im I. Kapitel bei einem Überblicke über die gegenwärtigen Erfahrungswissenschaften bemerkten. Die so sehr bevorzugte Lehre von der Vorstellungsassociation, die gegenwärtige Physiologische Psychologie, mögen sie nun als Beschreibung oder als Erklärung aufzufassen sein, erstreben jedenfalls die Begreiflichkeit des psychischen Phänomens im Zusammenhang mit seinen Antecedentien, sie betrachten es als Funktion (in mathematischem Sinne) von Antecedentien. Von vornherein ausgemacht ist es aber nicht, dass psychische Zustände nicht auch denjenigen Zusammenhang mit Vorausgehendem und Nachfolgendem aufweisen können, welchen wir als Wesen der organischen Natur erkannt haben.

Gehen wir nun einzelne Klassen von Phänomenen durch, so finden wir in der That, dass solche Zusammenhänge als existierend schon immer angesehen wurden, wenn auch mit sehr unterschiedlicher Auffassung. Den Gefühlen insbesondere, wenigstens manchen derselben, sind gewisse teleologische Beziehungen wohl nie ernstlich abgesprochen worden.

Auch in den Unterschieden der Empfindlichkeit an den verschiedenen Körperteilen, zum Beispiel der Haut an den verschiedenen Stellen wird man ein teleologisches Moment vermuten.

Die Instinkte haben wir oben (Seite 35) als schon der Definition nach teleologisch bezeichnet, und an ihrer Existenz kann wohl kein Zweifel sein. Wer möchte annehmen, dass es eine Zeit gegeben hat, wo Tiere keine Instinkte hatten! Eine solche Anschauung würde eine viel intensivere Geistesthätigkeit bei niederen als bei hohen Organismen voraussetzen. Man darf es aussprechen: wer hier einem absoluten Antinativismus huldigen wollte, der hat sich die Welt vor der Teleologie nie ausgedacht. Aber wenn auch nicht Entstehung, so ist doch Variation und Komplikation instinktiver Gefühle und Strebungen denkbar, worüber nur die Einzeluntersuchung Aufschluss geben kann.

Überhaupt würde eine grössere Berücksichtigung teleologischer Zusammenhänge bei induktiver Forschung wohl manchen Teil der Seelenlehre, welcher gegenüber andern zurückgeblieben ist, fördern. So scheint mir die Ausbildung der Gefühlslehre, insbesondere auch die Lehre von den Organ- und Gemeingefühlen, bisher unter anderem durch ätiologische Einseitigkeit gehemmt worden zu sein. Vielleicht, dass man vergeblich für eine Emotion E einen konstanten Anlass A gesucht hat, wo man, sie als variabel betrachtend, einen variablen Anlass A_1 A_2 . . . und einen konstanten Folgezustand C hätte finden können. Wenn es auch zweifellos ist, dass in jedem Falle jenes konstante A existiert, ist es sehr zweifelhaft, ob wir es, wenigstens vorläufig, überall finden können.

Besonders zeigen sich teleologische Vorstellungen auch dann, wann es sich um seelische Zustände handelt, für die uns weder die Selbstbeobachtung, noch die Erinnerung sichere Anhalte liefert. So das Seelenleben des frühesten Kindesalters und das aussermenschliche Seelenleben. Zum Teil geschehen die Schlüsse auf das Seelenleben der Tiere allerdings nach den Regeln der Kausaldeskription; zum andern Teile jedoch finden sie statt nach teleologischen Gesichtspunkten. Zum Beispiel nimmt man an, dass das Tier thut, was es anstrebt, auf Grund der Analogie zu menschlichen Handlungen; dagegen, dass das Tier anstrebt, was es braucht, wird man als teleologische Hypothese ansprechen dürfen. Ebenso ist die Leugnung pflanzlichen Seelenlebens eine teils kausal teils teleologisch begründete Anschauung; eine ihrer Hauptstützen dürfte es sein, dass bei Pflanzen alle, bei Tieren nicht alle Bewegungen von naturnotwendiger Zweckmässigkeit sind. Auf der andern Seite stützen sich die Verfechter pflanzlicher Beseelung bei ihren Schlüssen gleichfalls auf teleologische Voraussetzungen.

Fechner, Nanna oder über das Seelenleben der Pflanzen, 1848 (Seite 76). „Nun finden wir an uns selbst, dass, je wichtiger und nothwendiger ein Reiz für Erhaltung und Gedeihen des Lebens ist, desto mehr hängt auch von seinem Mittelmass, Mangel oder Überfluss das normale Lebensgefühl oder das Hervortreten besonderer Bedürfnissgefühle ab, welche mit dem Mangel oder Überfluss des Lebensreizes in Beziehung stehen; desto bestimmter wird überhaupt jede Abänderung des Reizes empfunden."

(Seite 120). „Der Zweck bestimmt in der Natur die Mittel und an die verschiedene Art der Mittel knüpft sich ein verschiedenes Gefühl in Betreff der Erreichung des Zwecks."

Auf einem andern Gebiet der Psychologie, der Lehre von den menschlichen Willenshandlungen, wo häufig teleologische Zusammenhänge angenommen werden, scheinen mir solche nicht vorzuliegen. Dass die sogenannten willkürlichen Handlungen nur teilweise willkürlich sind, manche sekretorische Verrichtungen zum Beispiel in Bezug auf ihr Anfangsglied, und dass der weitere physiologische Verlauf oft ein kompliziertes Ineinandergreifen teleologischer Vorgänge aufweist, ist ja sicherlich richtig; aber die eigentliche Willenshandlung wird man als zweigliedrigen Zusammenhang ansehen müssen.

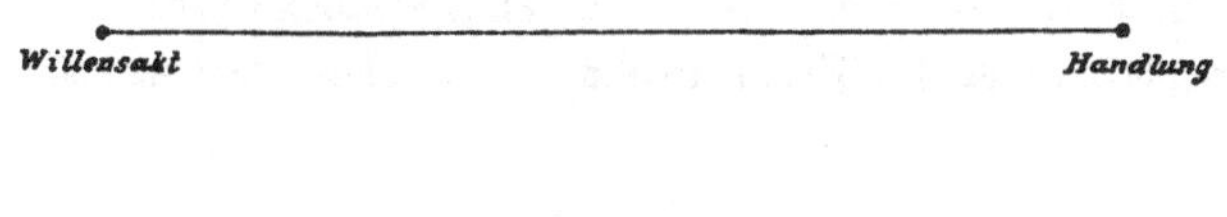

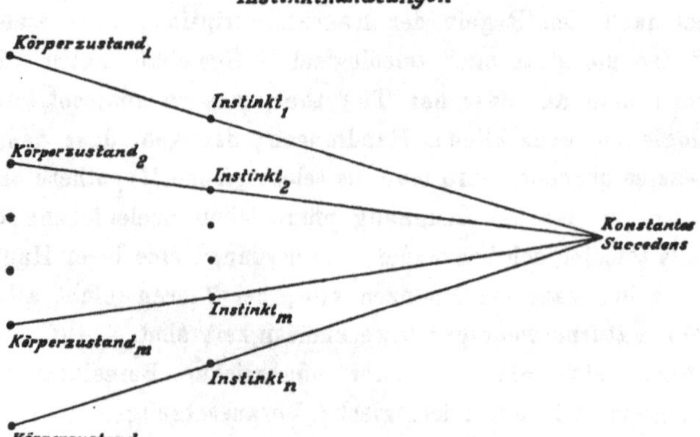

§ 15.

Kausalität und Teleologie.

Nichts hat einer unbefangenen Beurteilung der speziellen am Organischen herrschenden Gesetze mehr im Wege gestanden, als Unklarheiten über das Verhältnis zwischen Kausalität und Teleologie. Insbesondere Naturforscher, durchdrungen von der Allgiltigkeit der Kausalität, wussten oft nicht, wie der Konsequenz entgehen, dass diese Allgiltigkeit auch Alleingiltigkeit besage, und wurden so, indem sie im Weltall keinen Platz für andere Zusammenhänge neben den ursächlichen fanden, zu dem im I. Kapitel (§ 4) skizzierten, dogmatischen Standpunkte geführt.

Mit Recht wird man von jeder Theorie des Organischen vor allem Integrität des Kausalgesetzes verlangen, und ob diese bei Annahme teleologischer, also wie wir sahen, dreigliedriger Gesetze gewahrt ist, muss Gegenstand der Untersuchung sein. Falls sich die Verträglichkeit beider Naturordnungen ergiebt, wird das Wie dieses Zusammenbestehens einen wichtigen Bestandteil der teleologischen Theorie bilden.

Bekanntlich galt lange Zeit hindurch die Angabe sogenannter „Zweckursachen" als Erklärung physikalischer Vorgänge. Es sollte erklärt werden, dass auf *A* notwendig *B* folgt, und nun wurde gesagt, *B* trete ein, damit *C* folge. Es wurde also erstens übersehen, dass der zu erklärende notwendige Zusammenhang zwischen dem Auftreten von *A* und dem Auftreten von *B* besteht. Zweitens wurde aber ein unbewiesener Zusammenhang zwischen *B* und *C* behauptet. Die sogenannte Erklärung ursächlicher Gesetzmässigkeiten durch die Annahme von Zweckursachen enthielt also zwei Fehler: sie liess den zu erklärenden Zusammenhang unbeachtet und setzte einen andern voraus, welchen sie nicht beweisen konnte.

Wie verhält es sich aber mit dem Umgekehrten? Kann ein teleologisches Phänomen erklärt werden durch die Aufweisung irgendwelcher Ursachen? Dass teleologische Gesetzmässigkeiten durch Kausalgesetze erklärt werden können und müssen, ist ja in der neuesten Zeit eine sehr verbreitete Anschauung. Ist doch die gesamte Materie der Kausalität unterworfen und wohl nur ein Teil von ihr der Teleologie! Wie nahe liegt es aber, anzunehmen, die auf einem Spezialgebiete herrschenden Gesetze seien spezielle Fälle der auf dem Gesamtgebiete herrschenden! — Auch hat es vielleicht einmal nur Anorganisches gegeben, aus dem das Organische irgendwie entstanden wäre. Sollte dies aber der Fall sein, so kann man leicht auf die Vermutung kommen, so wie das Organische aus dem Anorganischen seien die teleologischen Gesetze aus den kausalen durch eine Komplikation entstanden und könnten, wie man zu sagen pflegt, auf jene zurückgeführt werden. — Ob diese Anschauung begründet ist, wird sich ergeben, wenn wir jetzt das reale Verhältnis ursächlicher und teleologischer Gesetzmässigkeiten in der Natur untersuchen.

Betrachten wir zum Beispiele die gegenwärtige Flora der Erde. Niemand zweifelt, dass sie sich aus der Flora irgend einer früheren Zeit unter den gegebenen geologischen und klimatischen Verhältnissen mit Notwendigkeit entwickeln musste, und dass sie sich noch unzählige Male unter denselben Verhältnissen ganz ebenso entwickeln würde: die ehemaligen Pflanzen und die Umgebung bilden zusammen den Komplex der Bedingungen (u) für die gegenwärtige Vegetation (w). Hierbei ist die Relation eine kausale; u und w sind konstante Grössen, nämlich die Tertiärflora samt mitwirkenden äusseren Einflüssen und die jetzige Flora.

Wir sind aber nicht nur davon überzeugt, dass aus einer früheren Flora unter den gegebenen Umständen die jetzige entstehen musste, sondern auch davon: dass unter andern Umständen aus derselben Flora eine andere, das heisst eine andere Welt organisierter Wesen, sich entwickelt haben würde. Wir betrachten jetzt den früheren Status als in einer gewissen Breite variabel, und somit als Wert einer variablen

Grösse (A); die gegenwärtige Flora erscheint dann gleichfalls als ein Wert einer variablen Grösse (M); hierbei ist die Relation eine teleologische. — Im ersten Falle hatten wir die gegenwärtige Pflanzenwelt ebenso betrachtet, wie wir des Erdkörpers steinernen Gürtel betrachten, und uns gesagt, dass sie wie dieser notwendig entstanden sein müsse aus Früherem, gleichgiltig, worin dieses Frühere bestanden habe, mögen es organische oder anorganische Substanzen und Vorgänge gewesen sein, so wie die jetzigen Mineralien das Resultat von Früherem sind; im zweiten Falle haben wir die gegenwärtige Flora als eine Gruppe organisierter Wesen betrachtet, aus der Reaktion früherer organisierter Wesen auf gewisse Reize entstanden. Unsere Betrachtung führt darauf, dass die Frage nach der Entstehung der jetzigen Pflanzenwelt eine zweideutige ist, und dass es zwei verschiedene Gleichförmigkeiten der Vegetation sind, welche das menschliche Erklärungsbedürfnis erregen. „Warum zeigen die pflanzlichen Wesen diese regelmässigen Coexistenzen, durch welche sie in wesentlich gleichartige Gruppen (Spezies) zerfallen, und warum sind diese Gruppen einander mehr oder weniger ähnlich?“ Das ist die eine Frage. Die andre lautet: „Warum sind die pflanzlichen Wesen in einer bestimmten Weise organisiert, das heisst warum zeigen sie eine Anordnung der Materie, welche die Ausübung bestimmter Funktionen ermöglicht und warum sind diese Funktionen einander mehr oder weniger ähnlich?“ Gleichmässigkeiten und Zweckmässigkeiten im Bau der Pflanzen, soweit wir sie für gesetzmässige, das heisst notwendige Gleich- und Zweckmässigkeiten halten, fordern von der Wissenschaft ihre Erklärung. So lauten denn die an die Wissenschaft zu stellenden Fragen:

1.) warum coexistiert mit dem Pflanzenteil A der Pflanzenteil B?

und

2.) warum coexistiert mit dem Pflanzenteil C der Pflanzenteil D so, dass die Funktion E ermöglicht wird?

Beides ist uns zu erklären.

Das Auge, unser wohl ätiologisch am besten bekanntes Organ, eignet sich besonders zur Erläuterung der doppelten Necessität des Naturlaufes. Wenn man sagt, das Auge sei uns physikalisch verständlich, so betrifft das seine optischen Funktionen. Nicht betrifft es seine übrigen Funktionen und seine Entstehung. Wir nennen unter den Funktionen die Akkommodationsbewegungen.

Fick in Hermanns Handbuch der Physiologie, III 1, 1879 (Seite 96). „Immerhin [trotzdem manche Beobachtungen zeigen, dass Akkommodation für die Nähe nicht immer und nicht genau gleichzeitig von Verengerung der Pupille begleitet ist] ist die Pupillenverengerung im Allgemeinen eine die Anpassung für die Nähe regelmässig begleitende Erscheinung und man kann daher füglich die Frage aufwerfen, ob die Verengerung der Pupille dabei für den Sehakt irgend welchen Vortheil hat, sind wir doch gewohnt, alle typischen Einrichtungen der organischen Natur „zweckmässig" zu finden."

Wir weisen ferner hin auf die Reflexe. Man vergegenwärtige sich einen solchen [I] und vergleiche mit diesem Vorgang die Entstehung eines — etwa durch dieselben Lichtstrahlen bedingten — Netzhautbildes [II]. Ersteres als Typus teleologischer, letzteres als Typus kausaler Necessität:

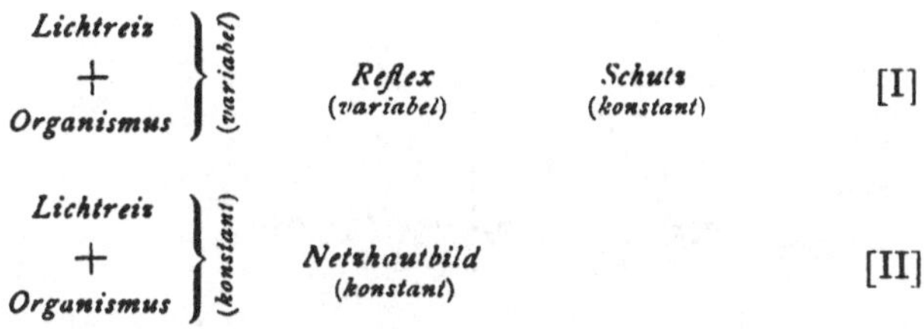

Lichtreiz + *Organismus* } (*variabel*)	*Reflex* (*variabel*)	*Schutz* (*konstant*)	[I]
Lichtreiz + *Organismus* } (*konstant*)	*Netzhautbild* (*konstant*)		[II]

Endlich bedenke man, was eine kausale Erklärung für die Begreiflichkeit der Entstehung dieses optischen Apparates zu leisten vermag. Warum zum Beispiel führen bei der Bildung des Glaskörpers Gefässe dorthin, die sich nachher zurückbilden? Bei den Gestalten und Lichteffekten der Adelsberger Grotte ist das „physikalisch verständlich machen" freilich eine vollständige Erklärung; nicht so beim Organismus.

Von Zurückführbarkeit teleologischer Gesetze und der teleologischen Naturordnung auf kausale Gesetze und die kausale Naturordnung kann also nicht die Rede sein; ebensowenig wie vom Umgekehrten. Von einem teleologischen Gesetze sprechen wir, wenn ein Teil der Antecedentien und ein Teil der Consequenzen einer Erscheinung bekannt sind. Von einem Kausalgesetz dann, wenn gewisse Antecedentien bekannt sind. Die Grössen, über deren Relation die beiden Gesetze etwas aussagen, sind also verschiedene. Überblickt man mehrere Instanzen eines Gesetzes, so bemerkt man, dass die Kausalität stets von Gleichem zu Gleichem führt, die Teleologie dagegen von Ungleichem durch

Ungleiches zu Gleichem. Die Instanzen eines Kausalgesetzes stellen sich graphisch so dar:

die Instanzen eines spezifisch biologischen Gesetzes dagegen so:

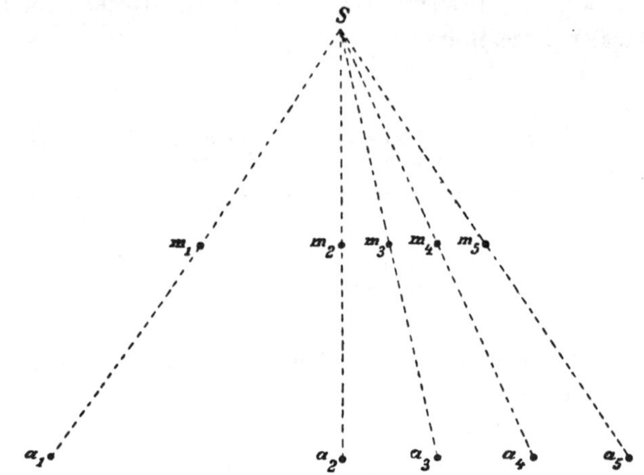

Das Gemeinsame der beiden Relationen besteht in der Notwendigkeit, mit der ihre Glieder zusammenhängen, und der sich daraus ergebenden Berechnungsmöglichkeit. Bei dem kausalen Verhältnis kann eine Erscheinung berechnet werden aus Antecedentien, bei dem teleologischen aus Antecedentien und Succedentien. So müsste es möglich sein, bei vollkommener Kenntnis eines Organismus und eines ihm zustossenden mechanischen Insults (*u*), die Narbe (*w*) der betreffenden Wunde vorauszubestimmen; aber auch bei Kenntnis der mechanischen Einwirkung und eines Teiles jenes Organismus, etwa des gefährdeten Organs (*a*), sowie der Funktion dieses Organs (*S*), wird es möglich sein, die Vernarbung (*m*) zu berechnen.

Nur in einem einzigen Sinne, der aber ein sehr weiter ist, könnte man mit Recht davon sprechen, etwas Teleologisches sei kausal erklärt. Dann nämlich, wenn man den einzelnen teleologisch eingetretenen Zustand meint. Dieser kann natürlich so gut wie jeder andere Zustand durch Aufweisung des Komplexes seiner notwendigen Bedingungen als Wirkung einer bestimmten Ursache nachgewiesen werden. Damit ist aber nicht die teleologische Gesetzmässigkeit auf die ätiologische zurückgeführt. Übrigens liegt jener Fall verhältnismässig selten vor; die notwendigen Antecedentien sind selten auf biologischem Gebiet bekannt. Dies hat einen subjektiven und einen objektiven Grund. Ersterer ist der Stand unserer physikalischen und chemischen Kenntnisse; letzterer die grosse Variabilität der organischen Formen und des biologischen Geschehens, jene Variabilität, die nicht nur die Arten, sondern auch die Individuen und die temporären Zustände der Individuen so sehr unterscheidet. Deshalb bleibt aber doch die Erklärung alles Organischen aus möglichst allgemeinen physikalischen Gesetzen das eine Ideal der Biologie; die Erklärung aus möglichst allgemeinen teleologischen Gesetzen ist das andere. Letztere aus ersteren abzuleiten, ist so unmöglich, wie einen Würfel aus Quadraten zusammenzusetzen.

Wir fassen zusammen und bedienen uns dazu wieder einer graphischen Darstellung.

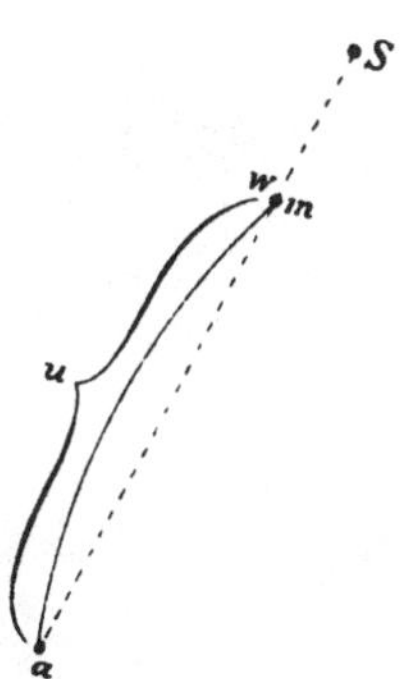

Bei der Kausalerklärung ist das Stück *u* einer Kurve gegeben, welches uns ermöglicht, die Fortsetzung der Kurve zu berechnen; wir sind also in der Lage, jeden ferneren Punkt (etwa *w*) seiner Lage nach zu bestimmen. Das ist der in der Biologie selten vorliegende Fall:

Kenntnis des gesamten Komplexes der notwendigen Antecedentien. Es gibt aber eine zweite Möglichkeit, Punkte der Kurve zu bestimmen; wenn uns nämlich nicht ein zur Konstruktion der ganzen Kurve genügendes Stück, sondern nur ein einzelner Punkt *a* bekannt, ferner aber bekannt ist, dass der geometrische Ort für einen späteren Punkt der Kurve die Verbindungslinie von *a* mit *S* ist, so ergibt sich unter Umständen die Möglichkeit, die Lage eines Punktes *m* zu berechnen.

Das gleiche Verhältnis zeigt uns die Zusammenstellung der als Ergebnis von Kapitel I und Kapitel II gewonnenen kausalen und teleologischen Formeln.

$$W = f\,(U)$$
$$M = f\,(A,\ S).$$

So wenig wie eine dieser Gleichungen aus der anderen gefolgert werden kann, wird je ein Kausalgesetz aus einem teleologischen oder dieses aus jenem abgeleitet werden.

ZWEITER TEIL.

DIE
METHODEN ZUR ERFORSCHUNG
DER
TELEOLOGISCHEN NATURGESETZE.

„Jede wissenschaftliche Lehre, die keine weitere Entfaltung zu vollkommenerem Leben zulässt, ist ein todtgeborenes Kind."

BRENTANO, Psychologie vom empirischen Standpunkte.

IV. Kapitel.

Methodik.

Von dem in Kapitel II und Kapitel III behandelten Abschnitte der Naturphilosophie wenden wir uns nun zu einem der Methodenlehre. Der Stand der Fragen bringt es mit sich, dass nur die Methodik der Forschung, nicht aber die Systematik unseres Gegenstandes dargestellt werden kann. Diese wird, wie überall, sich in naturgemässer Weise erst dann ergeben, wenn vielseitige und zahlreiche Einzeluntersuchungen vorliegen.

---

§ 16.

Ob und wie die Teleologie methodischer Forschung zugänglich ist.

Häufig findet man bei denen, welche die Beschäftigung mit Teleologischem ablehnen, eine kurze „Erklärung" der organischen Teleologie; oder auch Bemerkungen wie diese: „Ja, es existiert eine merkwürdige Anpassung der Organismen an die Aussenwelt, aber die mechanistische Naturansicht hat nichts mit ihr zu thun." In Wahrheit gibt es nur zwei Möglichkeiten:

1.) es gibt keine teleologischen Naturgesetze, das heisst keine notwendigen dreigliedrigen Zusammenhänge, und dann hat die Wissenschaft allerdings nichts mit Teleologischem zu thun; oder

2.) es gibt solche Gesetze, und dann sind sie nicht mit einer Erklärung, einer wenn auch noch so geistreichen Theorie abzufertigen, sondern bieten ein unabsehbares Material für empirische Forschung.

Man ist ja überhaupt von der Ansicht abgekommen, dass es Erklärungen gebe, die als Stein der Weisen mit eins alle Probleme lösen. Vielmehr ist, wie bereits in der Einleitung gesagt wurde, der Sinn des Wortes Erklären in der modernen Wissenschaft bekanntlich ein viel bescheidenerer, nämlich: die einzelne Erscheinung ist erklärt, wenn sie als Glied einer Gesetzmässigkeit nachgewiesen ist, die Gesetzmässigkeit ist erklärt, wenn sie einem Gesetze, das Gesetz, wenn es einem allgemeineren Gesetze untergeordnet ist. Dabei hat sich der wissenschaftliche Sprachgebrauch ebensowenig wie der populäre daran gewöhnt, als erklärende Gesetzmässigkeiten und Gesetze nur die kausalen zu betrachten.

So sagt nach wie vor der Morpholog „Dafür, dass die Sehnen je am ersten und dritten Fingerglied angreifen, haben wir keine Erklärung“ und meint damit eine teleologische; so sagt auch DARWIN „Für die ungeheure Grösse des Schnabels bei den Tukans ist noch niemals eine befriedigende Erklärung gegeben worden... Die grosse Massigkeit des Schnabels, wie sie sich aus seiner Breite, Höhe, ebenso wie aus seiner Länge ergibt, ist nach der Ansicht, dass er nur als Greiforgan dient, nicht verständlich.“ (Die Abstammung des Menschen und die geschlechtliche Zuchtwahl (übersetzt von Carus) 3. Auflage, 1875, II 210).

In demselben bescheidenen Sinne also wie in der übrigen Wissenschaft wird man Erklärungen in der Biologie nur von methodischer Forschung erwarten und eine Erscheinung als erklärt betrachten

1.) kausal, wenn sie als zweites Glied eines Kausalzusammenhanges nachgewiesen ist,

2.) teleologisch, wenn sie als zweites Glied eines teleologischen Zusammenhanges nachgewiesen ist.

Es wurde schon im I. Kapitel (§ 4) die naive Vorstellungsweise angedeutet, dass durch Kausalgesetze die Wirkung in der Weise erklärt werde, dass man — unabhängig von aller vorhergängigen Erfahrung — einsähe, sie müsse aus der Ursache hervorgehen; dass also, kurz gesagt, die Wirkung nicht durch das Gesetz, sondern durch die Ursache erklärt wäre; wenn man sich von dieser Vorstellungsweise befreit und begreift, dass bei andersartiger Erfahrung uns die gleiche Anfangsgeschwindigkeit freifallender Körper bei verschiedener Entfernung von der Erde durchaus nicht als selbstverständlich erscheinen würde, dann wird man die teleologischen Gesetze auch als Erklärungen bezeichnen. Man gelangt also zu Erklärungen hier wie überall durch methodische Forschung.

Zuweilen wird die Behandlung der teleologischen Probleme der Metaphysik zugeteilt. Ist eine empirische Metaphysik gemeint, so ist insofern nichts dagegen einzuwenden, als sich eine solche mit der Teleologie sicherlich ebensowohl befassen wird wie mit andern Teilen der Naturphilosophie. Aber es liegt kein Grund vor, unsern Gegenstand einer Metaphysik im Sinne anempirischer Allgemeinheiten zuzuweisen und ihn in Gegensatz zu bringen zu den übrigen Forschungsobjekten. Vielmehr kann man sagen: wenn es nicht möglich wäre, die Teleologie methodisch, so wie andere Naturzusammenhänge, zu erforschen, so wäre es das Beste, überhaupt nicht von ihr zu sprechen, auch nicht in allgemeinen Deduktionen; es muss schlecht bestellt sein um ein Wissen, das nicht Gegenstand einer Wissenschaft werden kann.

Nun ist den, zum Teil sehr zutreffenden Betrachtungen, die bisher der Teleologie gewidmet wurden, fast allen gemeinsam, dass sie sich in einer gewissen Allgemeinheit halten, ähnlich der Allgemeinheit, mit der vor dem Entstehen einer wissenschaftlichen Nationalökonomie und noch jetzt von unwissenschaftlichen Leuten ‚Die Soziale Frage' behandelt wurde und wird; so wie ‚Die Soziale Frage' und ihre ‚Lösungen' nichts sind als eine ungenaue Sozialwissenschaft, so auch die Teleologische Frage und deren allgemeine Beantwortungen eine ungenaue teleologische Wissenschaft. Der Gegenstand dieser Allgemeinbetrachtungen ist, mit einem Worte gesagt, das teleologische Gesetz; man erinnere sich der Unterscheidung des Kausalgesetzes von den Kausalgesetzen: das Kausalgesetz ist ein Schema, welches die Kausalgesetze erst mit realen Inhalten auszufüllen haben; wenn die Erkenntnis des Kausalgesetzes die Aufgabe der Wissenschaft wäre, dann wären alle theoretischen Wissenschaften bis auf Psychologie und Erkenntnistheorie überflüssig; aber wir wollen die Kausalgesetze erkennen und jenem Schema Erfahrungsinhalte geben. Ebenso bei der Teleologie: um das teleologische Gesetz zu behandeln, würden vielleicht einige metaphysische Betrachtungen genügen; die teleologischen Gesetze hingegen können wie die kausalen nur durch methodische Forschung ermittelt werden. Berechtigt und notwendig sind die Untersuchungen über das Kausalgesetz und das teleologische Gesetz; aber die Wissenschaften können nicht bei ihnen stehen bleiben und müssen zur Erforschung der kausalen und der teleologischen Gesetze fortschreiten. Sofern oben (§ 10) das Schema der teleologischen Gesetze gefunden ist, muss es möglich sein, dieses Schema durch methodische Forschung mit realen Inhalten auszufüllen. Die an derselben Stelle charakterisierte anthropomorphe Teleologie, das heisst die aktionalistische Auffassung des teleologischen Vorganges als Willenshandlung und die animistische Auffassung des dritten Glieds als irgendwie vor seinem Eintritte vorgestellt, wird wohl immer ein Thema allgemeiner Spekulation bleiben; bei der rein empirischen Teleologie liegt kein Grund gegen die Möglichkeit exakter Forschung vor.

Was die Methoden betrifft, so ist es wohl keinem Zweifel unterworfen, dass der Anschluss an vorhandene und bereits anderweitig erprobte Methoden stets das Richtige ist: in unserm Falle also der Anschluss an die Methoden der Kausalforschung. Die notwendige Differenzierung ergibt sich von selbst aus der Natur des Gegenstandes, sobald wir versuchen, die Kausal-Methoden auf Teleologisches anzuwenden, und wird sich immer weiter ergeben, je mehr die dreigliedrigen Zusammenhänge methodisch erforscht werden. Auch die Terminologie wird man so gebrauchen, wie es in der bisherigen Methodenlehre üblich war und sich hüten müssen, Exakt, Induktiv, Empirisch einerseits mit Kausal andererseits zu identifizieren. Ersteres sind Bezeichnungen für methodische Qualitäten, die, wie wir sehen werden, in genau demselben Sinne wie der ursächlichen Forschung, auch der Teleologie*) zukommen können.

Eine gewisse methodische Einseitigkeit ist bei dem gegenwärtigen Stande der teleologischen Fragen berechtigt, ja sogar wünschenswert. Denn nichts hat in methodischer Hinsicht mehr begründeten Anlass zu einer ablehnenden Haltung gegenüber jeglicher Teleologie gegeben, als das bisherige Überwiegen der Deduktion. In der Natur der dreigliedrigen Zusammenhänge als solcher liegt kein Grund zur Inexaktheit; vielmehr eignet diese der früheren Behandlung, weil sie nicht nur anthropomorphistisch, sondern auch ihrer ganzen Anlage nach deduktiv war. Sie pflegte auszugehen von der Hypothese einer kosmischen, oder auch einer universell-organischen Teleologie; mindestens aber brachte sie jede teleologische Gesetzmässigkeit sogleich in Zusammenhang mit allgemeinsten Aufgaben des Organismus, mit Selbsterhaltung, Erhaltung der Art und dergleichen. Wenn wir feststellen „solche und solche Bewegungen einer Pflanze sind teleologisch zu einer bestimmten Belichtung“, so ist damit jedoch durchaus noch nicht gesagt, dass die betreffende Belichtung zur Erhaltung des Lebens diene, und vor allem nicht, dass sie immer dazu diene. Induktive Einzelforschung also ist es, was not thut; Anwendung der bei einseitig kausaler Forschung gewonnenen grossen Exaktheit auf die teleologischen Probleme.

In wie engem Zusammenhang die als genetische Erklärung der

*) In der zweiten Hälfte des 19. Jahrhunderts ist es Mode geworden, Teleologisch als tadelndes Beiwort, Kausal, Ätiologisch (wofür auch häufig Mechanistisch gesetzt wird) als epitheta ornantia zu gebrauchen; die Wissenschaft kennt kein anderes Lob als Richtig, keinen anderen Tadel als Falsch.

Teleologie bezeichneten geschichtsphilosophischen Deduktionen mit der Neigung stehen, die Teleologie in spekulativer Weise und nicht methodisch zu behandeln, ist klar; so ist ja für die Spekulation die Geschichte des Menschengeistes, der Ursprung der Sprache und die Entstehung der Religion ein dankbareres Feld als die menschliche Unterschiedsempfindlichkeit für Gewichte, die Bildung des skandinavischen đ Lautes und die Religion der Fidschiinsulaner. Wie aber die Menschheit jedenfalls eine Summe von Menschen ist, so auch sind die an Pflanzen- und Tiergruppen, zum Beispiel an Abstammungsreihen, zu beobachtenden teleologischen Vorgänge eine Summe individual-teleologischer Vorgänge; die zusammenfassende Betrachtung erlaubt zwar, wie wir sehen werden, ein Aufsteigen zu allgemeineren dritten Gliedern, aber die zweiten Glieder — die teleologisch eintretenden Zustände — sind durchaus Zustände einzelner Organismen; ja, wir können uns einen anderen teleologischen Zustand überhaupt nicht vorstellen. Die Zustände von Individuen also müssen den Ausgangspunkt bilden; die Zustände eines Individuums sind unter verschiedenen Umständen, zu verschiedenen Zeiten zu beobachten; erst wann die dritten Glieder für Ein Individuum festgestellt sind, können wir zur Untersuchung mehrerer Individuen derselben Spezies aufsteigen. Die Deduktion soll nicht etwa als unzulässig bezeichnet werden, aber in gewissen Stadien der Wissenschaft ist sie gefährlich; dann nämlich, wann es den allgemeinen Hypothesen an einer genügenden Erfahrungsgrundlage fehlt, so wie es zum Beispiel bis auf die jüngste Zeit in der Psychologie und in der Nationalökonomie der Fall war oder ist. Eine Erfahrungsgrundlage, etwa entsprechend der, wie sie die Morphologie durch das Mikroskop besitzt, wie sie der Physik schon in den Erfahrungen des täglichen Lebens vorliegt, fehlt auf unserem Gebiete; sonst könnten nicht über jedes einzelne Problem, wie es thatsächlich geschieht, Spekulationen aufgestellt werden, welche unter einander in konträrem Gegensatze stehen. Die allgemeinen Probleme mögen sachlich den ersten Rang zu beanspruchen haben; methodisch, im Gange der Forschung, kommt ihnen der zweite zu. Induktive, und vor allem experimentelle Teleologie müssen daher die Losung für alle sein, denen an einer objektiven Behandlung der spezifisch biologischen Gesetzmässigkeiten gelegen ist. Vielverheissende Anfänge sind gemacht.

§ 17.

Induktion.

Ein reiches induktives Material findet sich verstreut in den Darstellungen der verschiedenen biologischen Gebiete. Meist segelten diese Beobachtungen während der letzten Jahrzehnte unter einer fremden Flagge; es hat sich eine gewisse Technik ausgebildet, teleologische Gesetzmässigkeiten darzustellen, ohne sie als solche zu bezeichnen — eine natürliche Folge einerseits der Überzeugung, dass es keine teleologischen Gesetzmässigkeiten gebe, andrerseits der Häufigkeit und Evidenz solcher Gesetzmässigkeiten. Auch ist — mit Ausnahmen, von denen in § 9 die Rede war — infolge dieser Überzeugung ein reiches Beobachtungsmaterial neuerdings mehr zur Ausbildung individueller Praxis als zum Nutzen der theoretischen Wissenschaften verwandt worden: dasjenige nämlich, welches sich dem Arzte darbietet, ja aufdrängt. Es ist unmöglich, zum Beispiel einen tierischen Körper zu beschreiben, ohne Bezug zu nehmen auf notwendige Zusammenhänge mit physiologischen Funktionen, und ebenso unmöglich, physiologische Vorgänge darzustellen, ohne denselben Zusammenhang zu berühren. So schwebt in einem rein kausalen System zwischen Morphologie und Physiologie ein drittes Gebiet sozusagen in der Luft. Es ist dasjenige, welches den zwei Gliedern der morphologischen Gesetzmässigkeit das dritte, nämlich das teleologische Succedens, zu welchem sie führt, hinzufügt. Man hat dieses dritte Gebiet zuweilen Physiologische Anatomie genannt; es könnte auch Teleologische Anatomie heissen.

Vgl. zum Beispiel G. H. Meyer, Lehrbuch der physiologischen Anatomie des Menschen. 1856; Haberlandt, Physiologische Pflanzenanatomie. 2. Auflage, 1896.

Man wird es als einen methodischen Verstoss betrachten, wenn in einer Darstellung der Planimetrie, nachdem bis dahin nur von ebenen Gebilden die Rede war, beim Kreis die Definition gegeben wird: er ist die Schnittlinie zweier Kugelflächen. Ein solcher Verstoss pflegt bei den Definitionen der Reflexbewegungen und der Instinkte in Physiologieen und Psychologieen vorzuliegen (S. oben, Seite 34 f.). Der Einteilungsgrund gehört bei diesen Erscheinungen der teleologischen Betrachtung an, weshalb aus der kausalen die genannten Gruppen verbannt werden sollten, es sei denn, dass es gelänge, sie in rein kausaldeskriptiver Weise abzugrenzen. In der kausalen Physiologie würden dann zum Beispiel die Reflexbewegungen des Augenlids zusammen mit den anderen Bewegungen des Augenlids betrachtet werden, und nicht mit reflektorischer Pupillarbewegung, reflektorischen Sekretionen und so weiter; in der kausalen Psychologie würden die Instinkte ihrer psychischen Qualität nach den anderen Gefühlen zugeordnet. Die teleologische Untersuchung aller Bewegungen und aller Gefühle gehört der teleologischen Physiologie und Psychologie an.

A. Beschreibung.

Die Grundlage der Forschung bildet, wie in jeder empirischen Wissenschaft, die Beschreibung. Im strengsten Sinne würde der Beschreibung nur die Wiedergabe regelmässiger Coexistenzen und Successionen zukommen, von denen sie annimmt, dass sie auf Naturgesetzen beruhen. Eben durch diese Annahme greift die Deskription leicht über auf das Gebiet höherer methodischer Operationen; es liegt ja auch ihren Beschreibungen stets schon eine vergleichende Beobachtung zu Grunde, welche überhaupt erst einen Zustand, einen Vorgang als teleologisch betrachten lässt. Doch wird die Deskription in dem Masse reiner sein, als sie sich auf blosse Beobachtung und Wiedergabe von Coexistenzen und Successionen beschränkt nach dem Schema: *A* coexistiert mit *B* regelmässig so, dass *C* eintritt, und: *E* succediert auf *D* regelmässig so, dass *F* eintritt.

Als Beispiel teleologischer Deskription folgt hier einiges aus einer Schilderung der Neomeris Kelleri:

Cramer, Über die verticillirten Siphoneen besonders Neomeris und Cymopolia. Neue Denkschriften der allg. schweiz. Gesellschaft für die gesammten Naturwissenschaften Band XXX, 1890.

(Seite 3) „Die Alge enthüllte eine solche Menge durch Schönheit und Zweckmässigkeit überraschender Struktureigenthümlichkeiten, dass ich keine Ruhe hatte, bevor Alles, was zu erforschen möglich schien, vor meinem Auge klar da lag. Da sich hiebei herausstellte, dass ein völliges Verständniss und eine richtige Würdigung einzelner Détails ohne ebenso genaue Kenntniss der nächstverwandten Formen nicht möglich sei, dehnte ich meine

Untersuchung in der Folge auch auf das Studium des Bau's und der Entwicklungsgeschichte von Cymopolia und Dasycladus aus.“

(Seite 8, f.).... „Aus vorstehender Darstellung des Entwicklungsganges unserer Alge ergibt sich, dass sämtliche Wirteläste anfangs unter sich durchaus frei sind. Die Verwachsung der blasigen Enden der secundären Wirtelstrahlen zu einem zusammenhängenden Hohlcylinder tritt erst merklich unterhalb des Scheitels ein. Es leuchtet ein, dass die Bildung dieses einschichtigen Rindenmantels vom gesetzmässigen Ineinandergreifen einer ganzen Reihe von Faktoren bedingt werden muss, insbesondere von der Intensität des Längenwachsthums der primären und secundären Wirtelstrahlen, von der Stärke der nachträglichen Streckung, sowie tangentalen Dehnung der Stammzelle, vom Grad der Ausdehnung der einzelnen Rindenfacetten in tangentaler (longitudinaler und transversaler) Richtung, endlich von epinastischen Wirkungen an der Einfügungsstelle der primären Wirteläste, wodurch die verticale Divergenz der letzteren mit der Stammzelle regulirt wird. Es dürfte kaum bestritten werden, dass die thatsächliche Ordnung dieser Dinge und die daraus resultirende Bildung einer zusammenhängenden Rindenschicht die Widerstandsfähigkeit der Pflanze gegen äussere Schädlichkeiten (mechanische Einflüsse, allfällige Feinde aus der Thierwelt) erhöhen muss. Im gleichen Sinn wirkt jedenfalls auch die oben beschriebene Verkalkung. Ob die Bildung des complizirten Kalkgerüstes als eine blosse Incrustationserscheinung oder als Einlagerung in peripherische Membranschichten zu betrachten ist, kann ich nicht sicher entscheiden, halte jedoch das letztere für das wahrscheinlichere. Jedenfalls ist aber der Gehalt des Kalkpanzers an organischer Substanz sehr gering. Unter keinen Umständen darf ferner die Ausscheidung des kohlensauren Kalkes als die blosse Folge der Assimilation der Kohlensäure des Wassers durch die Pflanze und des dadurch verminderten Lösungsvermögens des Wassers für Kalk betrachtet werden; sie ist vielmehr als vitale Leistung aufzufassen. Dafür spricht kategorisch ausser der Thatsache, dass andere neben Kalkalgen wachsende grüne Pflanzen nicht incrustirt sind, die durchaus eigenartige Vertheilung des Kalkes im Innern von Neomeris. Es darf wohl angenommen werden, dass Membranen, auf oder in welche Kalk abgelagert wird, nie von Säuren, welche Kalk zu lösen vermöchten, durchtränkt werden. Dass die Verkalkung unserer Neomeris erst später eintritt, ist im höchsten Interesse der Entwicklungsfähigkeit der Pflanze. Theile, welche noch wachsen sollen, dürfen sich unmöglich mit einem Kalkpanzer umgeben. Es äussert sich in der Beziehung eine Art von Anpassung, der wir in anderer Richtung tausendfältig wieder begegnen. Scheitelzellen und andere stark wachsende Zellen haben fast ausnahmslos zarte Wände, das

Dickenwachsthum tritt erst nach beendigtem, oder nahezu beendigtem Flächenwachsthum ein. Die Sorge für Gewinnung der nöthigen Festigkeit wird im Interesse möglichst rascher Volumvergrösserung und — fügen wir hinzu — Kraftersparniss hinausgeschoben. Wie die Natur sich hilft, um lebhaft wachsende und daher zartwandige Zellen zu schützen, ist für zahlreiche Fälle genugsam bekannt. Indem unsere Neomeris sich aus zartem Scheitel aufbaut und die Bildung des Kalkpanzers verzögert, begibt sie sich gerade für den empfindlichsten Theil eines wirksamen Schutzmittels. Allein sie kann das leicht, weil der dichte, vielschichtige Haarschopf nach Art einer Hülle aus Knospendeckschuppen fungirt. Dass endlich die Aussenseite der Rinde kalkfrei und das Kalkgerüst nach innen gerückt ist, begreift sich im Hinblick auf die dadurch erreichte kräftigere Belichtung der chlorophyllreichen, somit assimilirenden Rindenfacetten und bildet eine Parallele zu der bei höhern Pflanzen so oft zu beobachtenden Verlegung des mechanisch wirksamen Bastringes auf die innere Seite des peripherischen, Chlorophyll führenden Parenchymes".

Hier, wo es sich um Coexistenz und Succession zweier Variabeln handelt, greift die Beschreibung leichter noch als die Kausalbeschreibung in die Erklärung über. Doch ist diese Gegenstand andrer methodischer Operationen, unter denen die nächstliegende die Vergleichung ist.

B. Vergleichung.*)

Wenn wir nur bei Einem Tiere beobachtet hätten: „seine Farbe ändert sich, diese Farbenänderung ist ein Schutz", so würden wir ein solches Zusammentreffen für zufällig halten. Anders, wenn wir die oben (Seite 43 f.) aus Darwin's Descent of Man zusammengestellten Beobachtungen über protektive Färbung vergleichen. Durch vergleichende Beobachtung ist es möglich, das dritte Glied, und damit das Gesetz zu ermitteln. Mit Feststellung von Gesetzen, in welche die einzelnen Gesetzmässigkeiten einbegriffen sind, ist hier wie überall der Schritt vom Beschreiben zum Erklären gethan; auch gegenwärtig enthält die beschreibende Naturgeschichte viel Teleologisches, das erklärt wird durch teleologische Gesetze, genau wie die zweigliedrigen Coexistenzen erklärt werden durch kausale Gesetze.

Die erste der erklärenden Methoden ist die vergleichende Beobachtung. Ein ungemein reiches Material liefert hier die vergleichende

---

*) = „Methode der Übereinstimmung" bei JOHN STUART MILL (System der deductiven und inductiven Logik, übersetzt von GOMPERZ, 2. Auflage, II 86, ff.) + „Methode der Begleitveränderungen oder Variationsmethode" (Ebenda Seite 99 und folgende).

Anatomie. So wie sie der Descendenzlehre Kenntnis von genetisch homologen Organen verschafft, das heisst von Organen, deren Ähnlichkeit kausal begründet ist, so liefert sie der Ascendenzlehre Kenntnis von teleologisch homologen Organen, das heisst Organen, die einander ähnlich sind als zweite Glieder teleologischer Gesetzmässigkeiten mit gleichem dritten Gliede. Als Organe ersterer Art muss man zum Beispiel die Flügel der Vögel und die Arme des Menschen, als Organe zweiter Art die Flügel der Vögel und die Flügel der Insekten bezeichnen. Natürlich sind die vier Möglichkeiten gegeben, dass zwei Organe 1.) in beiden Beziehungen homolog, 2.) in beiden Beziehungen nicht homolog, 3.) und 4.) in je einer Beziehung homolog und nicht homolog sind. Die vergleichende Beobachtung teleologisch homologer, aber auch teleologisch nicht homologer Organe führt häufig zur Erkenntnis derjenigen Funktionen, zu welchen sich die betreffenden Organe teleologisch entwickelt haben.

Jede noch so geringe Verwundung, jede kleinste Hautabschürfung, Brandwunde und so weiter macht einen Heilprozess durch, der dreigliedrige Zusammenhänge zeigt. Die vergleichende teleologische Physiologie wird die verschiedenen Heilvorgänge auch von der therapeutisch wichtigsten Seite kennen lehren.

Anpassungen wie die von Stahl und anderen untersuchten (S. oben Seite 46) sind als solche natürlich auch nur zu erkennen durch Vergleichung der Pflanzen verschiedener Standorte.

Ebenso wird die teleologische Auffassung der inneren Knochenstruktur (S. oben Seite 44 f.) gestützt durch vergleichende Beobachtung pathologischer Verhältnisse, worüber zu vergleichen Julius Wolff Das Gesetz der Transformation der inneren Architektur der Knochen bei pathologischen Veränderungen der äusseren Knochenform (Sitzungsberichte der Kgl. Pr. Akademie der Wissenschaften, I 475 ff.) 1884 und — wie über alle einschlägigen Fragen — desselben Verfassers Das Gesetz der Transformation der Knochen, 1892.

Ein umfangreiches Beobachtungsmaterial, insbesondere über teleologische Umbildung von Zeichnung und Farbe der Tagschmetterlinge findet man bei Eimer, im zweiten Teile seiner Entstehung der Arten, der betitelt ist Orthogenesis der Schmetterlinge, Ein Beweis bestimmt gerichteter Entwickelung und Ohnmacht der Natürlichen Zuchtwahl bei der Artbildung (1897). Eimer selbst hat seine Beobachtungen durch die Ergebnisse experimenteller Untersuchungen zu stützen gesucht, wie denn überhaupt diese beiden Methoden auf botanischem und zoologischem Gebiete in einander überzugehen pflegen, und einige jüngere Forscher haben erfolgreiche Versuche über den Einfluss veränderter Umgebung auf Schmetterlinge angestellt.

Hier wie bei der kausalen Naturordnung ergiebt nämlich die blosse Vergleichung eine geringere Wahrscheinlichkeit als die nun folgende Methode. Jedoch wird die vergleichende Beobachtung — so zu sagen das Naturexperiment — wohl immer ihr Recht behalten; denn es ist uns nicht entfernt möglich, alle inneren und äusseren Umstände in jener Mannigfaltigkeit zu variieren, wie sie auf biologischem Gebiete in der Natur variiert sind; dass aber die künstliche Variation des Experimentes eine scharf abgemessene Abänderung eines einzigen Faktors ist, das bedingt die Überlegenheit der experimentellen Methode, da wo sie anwendbar ist, über die vergleichende Beobachtung.

C. Experiment.*)

Nachdem oben die Gründe dargelegt worden sind, weshalb in der Teleologie, wenigstens vorläufig, einseitige Ausbildung der induktiven Methoden wünschenswert ist, ergibt sich die überragende Bedeutung der strengsten induktiven Methode, des Experiments, von selbst. So könnte man bei den angeführten Beispielen protektiver Färbung etwa meinen, das Tier wähle den Ort, welchem seine Farbe günstig ist. Erst dann wird niemand mehr zweifeln, dass die Färbung teleologisch zum Schutze entstanden ist, wenn sie sich bei experimenteller Veränderung der Umgebung so verändert, dass S (der Schutz vor Feinden) konstant bleibt.

Um den Anschluss an die Kausalforschung herzustellen, soweit ihn die Beschaffenheit der teleologischen Naturgesetze zulässt, vergegenwärtigen wir uns das Schema des Kausal-Experiments; bekanntlich ist es das folgende:

Auf einen Komplex P succediert der Komplex Q
„ „ „ $P+A$ „ „ „ $Q+B$

Hieraus wird geschlossen: A ist die Ursache von B. (In dem Masse, als das reale Experiment diesem Schema nicht entspricht und es unmöglich ist, die Fehler anderweitig zu eliminieren, verliert natürlich der Schluss auf ein kausales Verhältnis an Wahrscheinlichkeit).

Die Schwierigkeit, die experimentelle Methode bei Teleologischem

*) = Differenzmethode bei J. St. MILL (Logik (Gomperz) 2. Auflage, II 90 ff.).

anzuwenden, beruht auf der Variabilität des ersten Gliedes. Diese Variabilität wirkt in zweifacher Weise modifizierend ein.

Erstens kann ein Experiment die Variationsgrenzen des ersten Gliedes nicht bestimmen. Diese Bestimmung muss vielmehr Gegenstand besonderer Messungen werden: es muss die Weite der Anpassungssphäre gemessen werden, d. h. die Frage beantwortet werden: um wie viel kann das erste Glied überhaupt variieren, ohne dass das Leben aufhört? Und es muss ferner die mögliche plötzliche Änderung bestimmt, d. h. die Frage beantwortet werden: um wie viel kann das erste Glied auf einmal variieren, ohne dass das Leben aufhört?

Zweitens könnte selbst ein ideales teleologisches Experiment nicht die Wahrscheinlichkeit 1 für ein Gesetz ergeben, sondern nur eine beträchtlich geringere. Denn die beim Kausal-Experiment erzielte Sicherheit beruht darauf, dass es sich dabei um Eintritt oder Nichteintritt einer konstanten Grösse handelt; aber das teleologische Antecedens ist eine variable Grösse, welche durch das einfache Experiment in zweien ihrer Werte vorgeführt wird; der Schluss auf alle übrigen Werte ist nur ein Wahrscheinlichkeitsschluss.

a. Experimentelle Veränderung des 1. Gliedes.

α. Experimentelle Veränderung des inneren Faktors.

Hierher gehören Arbeiten von DRIESCH, MORGAN (zuletzt Experimental Studies of the Regeneration of Planaria maculata. Archiv für Entwickelungsmechanik, Band III, Heft 2 und 3, 1898, Seite 364 und folgende) und andern. Wir entnehmen ein Beispiel experimenteller Veränderung des inneren Faktors des ersten Gliedes DRIESCH, Entwicklungsmechanische Studien. 9. Mitteilungen aus der zoologischen Station Neapel. Bd. XI, 1895: (Seite 234) „Im sechszehnzelligen Stadium besteht das normal gefurchte Ei von Echinus aus 4 kleinen Mikromeren am einen Pol, ihnen folgen 4 grosse Zellen, und an sie schliessen sich 8 Zellen mittlerer Grösse, von denen 4 den anderen Pol bilden. Nur um bequeme Ausdrücke zu haben, nennen wir den Mikromerenpol den animalen, den anderen Pol den vegetativen; wir bezeichnen ferner Alles, was aus den 4 Mikromeren und den 4 grossen Zellen hervorgeht, als animale, Alles aus den 8 mittelgrossen Zellen kommende als vegetative Hälfte.

Versuchsart I: Die Mikromeren sind entfernt, es sind Zellen der animalen und vegetativen Hälfte gemischt vorhanden.

Die Versuchsobjecte wurden durch Anwenden der bekannten »Schüttelmethode« bei vorher membranlos gemachten Eiern auf dem 16 zelligen Stadium erhalten. In der geschüttelten Eimenge suchte ich mikromerenlose Stücke aus; wir handeln hier nur von solchen, welche aus einigen grossen (animalen) und einigen mittelgrossen (vegetativen) Zellen bestanden ..... Aus dem soeben geschilderten Object ging ein normaler kleiner Pluteus hervor.

Dieser mit gleichem Erfolg 20 mal wiederholte Versuch zeigt, dass die Mikromeren zur Entodermbildung in keiner wesentlichen Beziehung stehen."

(Seite 235) Versuchsart II, bei der nur Zellen der vegetativen Hälfte in beliebiger Zahl (4—8) vorhanden sind, führt zu dem Ergebnis: „Die vegetative Hälfte der Furchungszellen allein vermag.... zu normaler Gastrulation zu führen."

(Seite 235) Durch Versuchsart III, bei der nur Zellen der animalen Hälfte vorhanden sind, hat der Verfasser „9 lebensfähige rein animale Zellhaufen erhalten und diese sämmtlich zu normalen kleinen Gastrulis oder weiter gebracht."

β. Experimentelle Veränderung des äusseren Faktors.

Es muss hier an die Tierversuche von POUCHET (S. a. oben Seite 43) und die Pflanzenversuche DUTROCHET's erinnert werden; Experimente durch Erschwerungen des Wachstums und ähnliches sind, soweit ich sehe, seit dem letztgenannten Forscher nicht wieder in gleichem Umfange gemacht worden. Auf zoologischem Gebiete seien genannt die Versuche von SCHMANKEWITSCH bei Artemia salina und HERBST, Experimentelle Untersuchungen über den Einfluss der veränderten chemischen Zusammensetzung des umgebenden Mediums auf die Entwicklung der Tiere. I, Zeitschrift für wissenschaftliche Zoologie, Bd. 55, 1893; II, Mitteilungen aus der zoologischen Station Neapel, Bd. XI, 1895; III—VI, Archiv für Entwickelungsmechanik, Bd. II, 1896.

HERBST gibt (Archiv für Entwickelungsmechanik, II 506 ff.) folgende Übersicht über die hauptsächlichsten Ergebnisse seiner Untersuchung; diese erscheint uns als ein so wichtiges Beispiel experimenteller Veränderung des äusseren Faktors des ersten Gliedes, dass es gestattet sein möge, jenen Rückblick hier zu reproduzieren. „Die morphologischen Abänderungen, welche ich vermittels verschiedener Salze erzielt habe, zerfallen zunächst in zwei Gruppen, auf der einen Seite steht nämlich das Lithium, welches die Entstehung typisch organisirter Larven verursacht, die auf den ersten Blick in nichts an eine normale Seeigellarve erinnern, auf der anderen dagegen jene Salze, deren Wirkung in Hemmung resp. Unterdrückung bestimmter Entwickelungsprocesse besteht. Hierher gehört Natrium butyricum, Rhodankalium und alle jene Salze, welche die Bildung der Pluteusarme unterdrücken. Stehen auch diese einfachen Hemmungsbildungen an Bedeutung der Lithiumwirkung nach, so sind sie in morphologischer Hinsicht doch von grosser Wichtigkeit, da man durch Aufhebung der Ursache eines Processes vielleicht dahinter kommen kann, welcher Natur die betreffende Ursache ist, und da man zweitens durch die Unterdrückung einer Bildung auf korrelative Beziehungen mit anderen Processen schliessen kann. So konnte z. B. durch Unterdrückung der Kalknadelbildung wahrscheinlich gemacht werden*), dass die Entstehung der Pluteusarme durch den Reiz veranlasst wird, welchen die sich vorwärtsschiebenden Kalknadeln auf die betreffende Stelle der Körperwand resp. der Wimperschnur ausüben. Bei Beurtheilung solcher korrelativer Beziehungen nach Resultaten, die mit Salzlösungen erzielt worden sind, ist jedoch eine grosse Vorsicht unerlässlich, da durch das zugesetzte Salz nämlich meist nicht ein einziger, sondern eine ganze Anzahl Entwickelungsprocesse alterirt werden. In dieser Hinsicht stehen also die Salzversuche einfachen operativen Eingriffen an Sicherheit weit nach. Aber gerade dieser ihr Fehler ist in anderer Beziehung ihr grosser Vorzug vor allen anderen entwickelungsmechanischen Methoden, denn die Alterirung mehrerer Processe zu gleicher Zeit ermöglicht es, in kurzer Frist eine grosse Menge entwickelungsmechanisch bedeutsamer Thatsachen zu Tage zu fördern. Den besten Beweis hierfür wird folgende Zusammenstellung liefern:

1. Exogastrulation.

Durch Zusatz geringer Mengen Lithium zum Meerwasser kann namentlich an Larven von Sphaerechinus granularis das Hervorwachsen des Urdarmes nach aussen veranlasst werden. Exogastrulae.

2. Typische Lithiumentwickelung.

a. Bei etwas stärkerer Wirkung des Lithiumsalzes entstehen aus den Eiern der Seeigel (Sphaerechinus granularis, Echinus microtuberculatus und Strongylocentrotus lividus) von den normalen Larvenformen vollkommen abweichende typisch gestaltete »Lithiumlarven«**), welche aus den drei hintereinander gelegenen Segmenten, dem Gastrulawandabschnitt, dem Verbindungsstück und dem Urdarmabschnitt bestehen.

b. Letzterer entsteht durch Ausdehnung der normaler Weise kleinen Entodarmbildungszone auf weiter nach dem animalen Pole zu gelegene Bezirke der Blastulawand.

---

*) „Wirklich bewiesen wurde diese Ansicht erst durch eine Thatsache, an welche weiter unten erinnert werden soll."

**) „So oft bis jetzt von meinen Arbeiten Notiz genommen ist, hat man nie die einfache Exogastrulation von der typischen Lithiumentwickelung unterschieden, obwohl gerade dieses von mir .... betont worden ist."

c. Je stärker die Lithiumwirkung, desto weiter dehnt sich der Urdarmabschnitt auf Kosten des Gastrulawandabschnitts über die Larvenoberfläche aus, so dass letzterer ganz unterdrückt werden kann.

3. Ineinandergreifen von normaler Gastrulation und Lithiumentwickelung.

a. Exogastrulation und Lithiumentwickelung brauchen nicht immer mit einander verbunden zu sein, normale Gastrulation und inducirte Entwickelungsweise können vielmehr in einander greifen. Dies ist bei Echinus microtuberculatus sehr häufig, bei Sphaerechinus granularis dagegen höchst selten der Fall.

b. Das Ineinandergreifen der normalen und inducirten Entwickelungsweise hat die Entstehung von Lithiumlarven mit kürzerem oder längerem Entodarm, unter bestimmten Bedingungen mit Mundöffnung zur Folge.

4. Nachwirkung des Lithiums und nothwendige Bedingungen zu seiner vollen morphogenen Wirkung.

a. Blastulae von Sphaerechinus, welche nach dem Verlassen der Eihülle noch 15—20 Stunden bei einer Temperatur von 14 bis 15° in der Lithiummischung gelassen und dann in reines Seewasser zurückgebracht werden, schlagen auch unter den normalen Bedingungen den Lithiumentwickelungsgang ein.

b. Werden dagegen junge Blastulae oder Eier, welche sich auf späten Furchungsstadien befinden, in eine Lithiummischung gebracht, so entwickeln sich aus ihnen keine typischen Lithiumlarven.

c. Aus Thatsache a und b ergibt sich der Schluss, dass die inneren Veränderungen, welche den Lithiumentwicklungsgang zur Folge haben, hauptsächlich erst auf dem Blastulastadium hervorgerufen werden, dass sie aber bereits auf früheren Stadien vorbereitet sein müssen.

5. Wirkungsstärke und Molekulargewicht.

Die Wirkungsstärke der einbasischen anorganischen Lithiumsalze nimmt mit steigendem Molekulargewicht ab.

6. Die zwei Komponenten der Lithiumwirkung.

a. Die morphologische Wirkung des Lithiums hängt nur vom Metall, nicht von der Säure ab, an welche dasselbe gebunden ist, mag diese eine anorganische oder organische sein.

b. Ein zweites Moment, von dem die Entstehung der Lithiumlarven abhängt, ist die specifische Reaktionsfähigkeit des verwendeten Eimaterials. Aus Eiern von Ascidia mamillata,

Amphioxus lanceolatus und Asterias glacialis lassen sich keine typischen Lithiumlarven züchten. Neben bisweilen vorkommenden, wenig zahlreichen und wenig typischen, mehr oder weniger kränklichen Exogastrulis ist für die Lithiumkulturen mit Asterias-Eiern besonders die Reduktion resp. gänzliche Unterdrückung des präoralen Wimperfeldes charakteristisch.

7. Veränderung der prospektiven Bedeutung gleich gelagerten Zellenmaterials durch äussere Agentien.

a. Durch das Lithium wird bewirkt, dass das Zellenmaterial der Seeigelblastula in anderer Weise verwendet wird als bei normaler Entwickelung. Zellen, welche unter normalen Bedingungen einen Theil der Körperoberfläche des Pluteus gebildet oder an der Erzeugung der Fortsätze oder des Wimperringes derselben theilgenommen haben würden, tragen zur Bildung des histologisch abweichenden Urdarmabschnittes bei.

b. Der Wimperring, dessen Längsmesser mit der Längsaxe der Gastrula normaler Weise parallel ist, wird bei den Lithiumlarven von Echinus*) um 90° verlagert.

c. Eine derartige Verdrehung des Wimperringes um einen Rechten lässt sich auch bisweilen an Larven mit kurzem Entodarm von Sphaerechinus in Mischungen von Natrium butyricum beobachten.

8. Osmotischer Druck und passives Wachsthum.

Das Grösserwerden der Seeigel- und Seesternlarven wird zum grossen Theil durch passive Dehnung der Körperwand in Folge des osmotischen Druckes**) in der primären Leibeshöhle verursacht. Aktives Wachsthum vermittels Kerntheilung und nachfolgendem Anwachsen der Tochterelemente auf das Maass der Mutterzelle spielt dagegen eine Nebenrolle. Daher die geringe Dicke des Pluteus- und Bipinnarienepithels.

9. Ontogenetische Richtungsreize.

Durch das Lithium kann die Bewegungsrichtung der Kalkbildungszellen beeinflusst werden, so dass sich dieselben an andere Stellen des Körpers begeben als normaler Weise. Diese Thatsache ist der Ausgangspunkt für meine Theorie vom ontogenetischen Richtungs-Wandern und -Wachsen geworden.

10. Vermehrung der Dreistrahler und Pluteusfortsätze.

a. Seeigellarven, welche aus einer Lithiummischung in reines Seewasser zurückgebracht werden, beginnen sofort mit der durch

---

*) „In den Lithiumkulturen von Sphaerechinus ist die Verlagerung des Wimperringes nicht so konstant, er wird hier auf sehr verschiedene Weise angelegt."

**) „Ob bei der Entstehung der Ento- und Exogastrulae eine Differenz im osmotischen Drucke ausserhalb und innerhalb des Blastocöls eine Rolle spielt, konnte nicht entschieden werden."

das Lithium gehemmten oder ganz unterdrückten Kalkbildung und erhalten häufig gleich von vorn herein mehr als zwei (bis zu fünf) Dreistrahler, was normaler Weise nie vorkommt. An Larven von Sphaerechinus, die nach einer gewissen Zeit aus einer Lösung von Natrium butyricum in gewöhnliches Seewasser zurückgebracht worden waren, konnte ich sogar einmal bis zu sieben Dreistrahlern zählen.

b. Hand in Hand mit der Vermehrung der Dreistrahler ging bei den Larven, welche aus einer Lithiummischung in reines Meerwasser übergeführt worden waren, häufig eine Vermehrung der Fortsätze, so dass Plutei, die bisweilen gleich von Anfang an fünf Fortsätze mit Gitterstäben besassen, entstehen konnten.

11. Der formative (morphogene) Reiz.
(Verlagerung der Pluteusfortsätze.)

Da mit der Vermehrung zugleich auch eine Verlagerung der Fortsätze nachgewiesen werden konnte, so war durch diese Thatsachen unumstösslich festgestellt, dass die Armbildung bei den Seeigelpluteis durch einen Reiz ausgelöst wird, den die sich vergrössernden Kalknadeln auf die anliegenden Stellen der Wimperschnur ausüben*), und das zu dieser Organbildung von vornherein nicht etwa bestimmte Zellengruppen determinirt sind, sondern dass hierzu alle jene fähig sind, welche dem Reize der Kalknadeln ausgesetzt sind. — Diese Thatsachen führten mich auf den Begriff des formativen (morphogenen) Reizes und wurden der Ausgangspunkt für meine theoretische Schrift, welche gegenwärtig im Biologischen Centralblatte im Erscheinen begriffen ist.

12. Unterdrückung von Entwickelungsprocessen.

a. Durch Rhodankalium kann die Gastrulation bei Larven von Asterias glacialis unterdrückt und die Produktion von Mesenchymzellen auf das Blastulastadium verlegt werden.

b. Bei Larven von Seeigeln (Sphaerechinus granularis) gelang die Unterdrückung der Urdarmbildung vermittels einer Lösung von Natrium butyricum.

c. Die gastrulationshemmende Wirkung des buttersauren Natriums machte sich auch dann noch geltend, wenn die Larven nach einer gewissen Zeit in reines Seewasser zurückgebracht wurden.

---

*) „Die zuerst von Pouchet und Chabry (Journ. de l'anat et de la phys. XXV, 298) und dann auch von mir beobachtete Thatsache, dass sich durch Reduktion des Kalkgehaltes oder durch Zusatz gewisser Salze nicht nur die Kalkbildung, sondern zu gleicher Zeit auch die Entstehung der Arme unterdrücken lässt, macht die obige Erklärung zwar wahrscheinlich, liefert aber keinen einwandsfreien Beweis dafür, da durch die abnormen Bedingungen nicht nur die Kalkbildung, sondern auch das Wachsthum jener Zellterritorien direkt aufgehoben sein kann, von denen die Armbildung ausgeht. Erst die Thatsachen der Vermehrung und Verlagerung der Pluteusfortsätze haben unsere Ansicht sichergestellt."

13. **Exarchenteron u. Exostomodaeum durch Natrium butyricum.**

Durch buttersaures Natrium kann man das Hervorwachsen des Urdarmes und mitunter auch der Mundhöhle nach aussen verursachen."

γ. Experimentelle Veränderung des inneren und äusseren Faktors.

Eine Vereinigung beider Arten experimenteller Veränderung bieten Versuche mit Transplantation und Okulieren sowie Verwachsungsversuche.

Vgl. Vöchting, Transplantation am Pflanzenkörper. Untersuchungen zur Physiologie und Pathologie, 1892, wo auch Weiteres über Geschichte und Litteratur des Gegenstandes zu finden ist, und Born, Über Verwachsungsversuche mit Amphibienlarven, Archiv für Entwickelungsmechanik, Bd. IV, Heft 3 und 4, 1896 und 1897.

Ein Überblick über die experimentellen Aufgaben zeigt folgende Gruppen:

1) Voruntersuchung. Variationsgrenzen des ersten Gliedes.
   a) Wie viel und wie viel auf einmal kann man bei einem Organismus variieren, ohne dass das Leben aufhört.
   b) Um wie viel und um wie viel auf einmal können die äusseren Umstände variieren, ohne dass das Leben aufhört.
2) Experimentelle Veränderung des inneren Faktors.
   Regeneration bei Pflanzen und Tieren, Verwundungen (auch therapeutisch wichtig) .....
3) Experimentelle Veränderung des äusseren Faktors.
   Ernährung, Infektion, Wärme, Wachstumshindernisse bei Pflanzen, Erschwerungen tierischer Leistungen (Spinnengewebe, Vogelnest....), chemische Beschaffenheit der Umgebung...
4) Gleichzeitige experimentelle Veränderung beider Faktoren.
   Transplantation, Verwachsungen.....

---

b. Experimentelle Veränderung des dritten Gliedes.

Neuere Forschungen lassen aber auch eine experimentelle Veränderung des dritten Gliedes als möglich erscheinen. Die singuläre theoretische Bedeutung, welche nach vielen den hypnotistischen Erfahrungen zukommt, dürfte nämlich zum Teil darauf beruhen, dass die hypnotische Suggestion Vorgänge teleologischer Art herbeizuführen scheint, deren drittes Glied unter Umständen durch den Hypnotiseur willkürlich bestimmt werden kann.

Hieher gehört die Beseitigung von Menstruationsstörungen durch posthypnotische Suggestion; vgl. zum Beispiel WETTERSTRAND, Der Hypnotismus und seine Anwendung in der Praktischen Medizin. 1891, Seite 109 ff., wo auch weitere Litteraturangaben zu finden; ferner ganz besonders die lange Reihe von Versuchen, welche in KRAFFT-EBING, Eine experimentelle Studie auf dem Gebiete des Hypnotismus (3. Auflage, 1893) beschrieben ist, über Regulation der Bluttemperatur.

Das Auffallende solcher Beobachtungen ist offenbar dieses: Menstruation und Bluttemperatur sind Erscheinungen, die von vielen Faktoren abhängig sind, worunter auch psychische; es wäre daher nichts Merkwürdiges, dass sie durch Suggestion beeinflusst werden; höchst merkwürdig aber ist es, dass diese Beeinflussung Vorgänge von der Art normaler Lebensvorgänge, das heisst eine grosse Anzahl von Veränderungen, alle hingeordnet zur Erreichung eines bestimmten Zustandes, herbeiführt. Daraus ergibt sich auch, wie wenig mit einer sogenannten kausalen „Erklärung“ geleistet ist, die hier, wie stets bei teleologischen Vorgängen, das zu Erklärende unerklärt lässt.

Derartige Erklärungen für die erste der erwähnten Thatsachenreihen bei FOREL, Der Hypnotismus. 2. Auflage, 1891, Seite 56; für die zweite bei PREYER, Der Hypnotismus. 1890, Seite 71 ff.

Man darf vielleicht erwarten, dass entsprechend angestellte Versuche an diesen sozusagen experimentell herbeigeführten Lebensvorgängen manches Licht auf den normalen Verlauf organischer Veränderungen werfen werden.

D. Induktives Aufsteigen.

Die Möglichkeit, auf unserem Gebiete zu immer allgemeineren Gesetzen aufzusteigen, beruht auf der Erscheinung, welche als Teleologische Synthese bezeichnet wurde (§ 13). Dadurch, dass das dritte Glied eines teleologischen Gesetzes das zweite eines allgemeineren Gesetzes sein kann, ist es möglich, nachdem die einzelne Erscheinung einem spezielleren Gesetze subsumiert worden ist, dieses spezielle Gesetz durch ein allgemeineres zu erklären. Die Willkürlichkeit in der Annahme von dritten Gliedern, welche so sehr einer wissenschaftlichen Behandlung der Teleologie im Wege gestanden ist, wird in dem Masse besser vermieden, als wir uns zunächst an speziellere dritte Glieder halten; angenommen, es seien die heliotropischen Bewegungen der Pflanzenorgane in ihrer teleologischen Beziehung zur Chlorophyllbildung erkannt, die Chlorophyllbildung stehe in gewissen teleologischen Beziehungen zum Leben der ganzen Pflanze, dann könnten wir durch induktives Aufsteigen den Heliotropismus in seiner Bedeutung für die Existenz der Pflanze untersuchen; aber wollten wir ohne weiteres von heliotropischen Bewegungen einer Pflanzenart einen Schluss auf die teleologische Bedeutung dieser Bewegungen machen, so wäre der Phantasie Spielraum geboten, welche nun in der früher üblichen Weise mit teleologischen Zusammenhängen spielen könnte. Übrigens ist in unserm obigen Beispiele das Chlorophyll als seinen Zwecken nach erklärt angenommen worden; in Wirklichkeit besteht zwar kein Zweifel über seine lebenswichtige Bedeutung, dass aber Zweifel auftauchen konnten, worin diese Bedeutung bestehe, ist ein Beweis unter unzähligen, wie sehr allmähliches, und dafür sicheres induktives Aufsteigen notthut.

Auch hier, wie auf kausalem Gebiete, ist zu unterscheiden: woher unsere Begriffe stammen und wovon unsere Untersuchungen, unsere Methoden ausgehen müssen, nachdem wir die Begriffe haben. Mögen auch die Begriffe der Teleologie und Kausalität entstanden sein durch vergleichende Beobachtung, oder mögen sie nicht so entstanden sein: jetzt, da wir sie einmal haben, erblicken wir das kausale Gesetz, das teleologische Gesetz in der einzelnen Gesetzmässigkeit, und bei der einzelnen Gesetzmässigkeit hat die Untersuchung zu beginnen; die Teleologie darf so wenig von der Geschichte der Tiere und Pflanzen ausgehen wie die Physik von der Erdgeschichte, die Psychologie von der Kulturgeschichte. Nachdem wir den Begriff der teleologischen Gesetze gewonnen haben, erkennen wir sie am Individuum — gleichgiltig, ob wir zu dieser Erkenntnis gelangt wären, wenn uns nur ein einziges organisches Individuum bekannt wäre — nnd müssen ausgehen vom Studium des Individuums.

Wiederum zwanglos aus der Beschaffenheit der teleologischen Naturordnung ergibt sich das allgemeine Schema für induktives Aufsteigen von einem spezielleren zu einem umfassenderen Gesetze.

$$\begin{array}{lllll} A & — B & — C & & \\ & B_1 & — C_1 & — D \\ & B_2 & — C_2 & — D \\ & . & — . & — . \\ & . & — . & — . \\ & B_m & — C_m & — D \end{array}$$

Hier würde man sagen, dass B auf A teleologisch zu D folge; und zwar mit einer um so grösseren Sicherheit kann man dies aussprechen, je sicherer das Gesetz A — B — C ist, und zweitens, je grösser m ist.

§ 18.
Deduktion.

Es wurde schon bei den allgemeinen Untersuchungen über die Methoden der Teleologie darauf hingewiesen, dass ihr vor allem durch Induktion zu nützen, durch Deduktion leicht zu schaden ist; letzteres insbesondere durch gar zu allgemeine Ausgangspunkte. Auch wo nicht die Hypothese einer kosmischen, oder wenigstens terrestrischen Teleologie vorliegt, wo man sich auf Zweckmässigkeiten im Bau und Leben des Organismus beschränkt, werden diese leicht in ihren normalen Gestaltungen als schlechthin vollkommen angesehen.

So geht man zuweilen von der Voraussetzung aus, alle Gefühle und Triebe seien teleologisch zur Erhaltung des Individuums oder der Art.

G. H. Schneider, Der thierische Wille, Systematische Darstellung und Erklärung der thierischen Triebe und deren Entstehung, Entwickelung und Verbreitung im Thierreiche als Grundlage zu einer vergleichenden Willenslehre (1888) beginnt gleich mit dem Satze „Alle instinctiven Triebe und zweckbewussten Willensäusserungen dienen entweder der Erhaltung des eigenen Lebens oder der Erzeugung und Pflege der Nachkommenschaft.“

Häufig wird die Teleologie in der Beschaffenheit der Organismen als „vollkommen“ bezeichnet.

Emil Du Bois-Reymond, Leibnizische Gedanken in der neueren Naturwissenschaft. (Rede, gehalten in der Leibniz-Sitzung der Berliner Akademie der Wissenschaften 1870) 1871 (Seite 21) „unsere heutige Einsicht...., dass in Rücksicht auf die gerade stattfindenden äusseren Bedingungen die organische Natur jederzeit die möglichst vollkommene ist" und weiterhin (Seite 22) „Sobald zwischen den Eigenschaften der organischen Wesen und ihren Lebensbedingungen das Verhältniss erreicht ist, welches man Anpassungs-Gleichgewicht nennen könnte, ist die Welt möglichst vollkommen und bleibt so, wenn die Bedingungen die nämlichen bleiben. Bei der Langsamkeit, mit der in der Regel die klimatischen und geographisch-physikalischen Bedingungen eines Erdstriches sich ändern, reicht aber für die Herstellung des Anpassungs-Gleichgewichts die Zeit stets aus. Somit ist in dieser Welt, bezüglich der Organisation der Pflanzen und Thiere, stets und überall das Maximum der Vollkommenheit erreicht; diese Welt ist jederzeit die gerade bestmögliche gewesen und wird es sein, solange es Thiere und Pflanzen giebt und nicht plötzliche Katastrophen über deren Wohnstätten hereinbrechen. Die Unvollkommenheiten aber, an denen kein Mangel ist, sind Wahrzeichen des Compromisses, der zwischen den Bedingungen der Aussenwelt und der Organisation einerseits, andrerseits den zum Bestande des Organismus nöthigen Forderungen stattfand."

Ob nun solche Darstellungen der Wirklichkeit entsprechen mögen oder nicht, jedenfalls ist die allgemeine Gefahr der deduktiven Methode, dass sie nämlich ihre Schlüsse leicht auf ein zu kleines induktives Material gründet, bei unserem Gegenstande ganz besonders gross.

Ferner wird der Schluss vom Ganzen auf den Teil zu oft und zu leicht gemacht. Wenn man von einem makroskopischen Vorgang auf einen mikroskopischen geschlossen hat und diesen als feststehendes Faktum behandelt, ist man geneigt, den makroskopischen Vorgang für erklärt zu halten und zu vergessen, dass er beobachtet ist, die erklärenden Zellprozesse dagegen vielleicht höchst hypothetisch sind. Nur dann können ja Zellvorgänge eine Erklärung von Veränderungen des Organs und des Organismus genannt werden, wenn sie allgemeinere Gesetzmässigkeiten aufweisen, als die makroskopischen Vorgänge. In der modernen Biologie ist es aber meist eher umgekehrt: auf eine beobachtete Gesetzmässigkeit kommen mehrere hypothetische Zell-Gesetzmässigkeiten, welche jene erklären sollen. Auch hier kann der Wahrheit nur durch die Losung gedient werden: zunächst Induktion.

Der Ideenassociation zwischen Mikroskop und Erklären ist eine andere verwandt: die zwischen Geschichte und Erklären. Das zeitlich nach Rückwärts Verfolgen ergibt unter derselben Bedingung eine wirkliche Erklärung, wie das räumlich in die kleineren Teile Verfolgen;

dann nämlich, wenn es zu allgemeineren Gesetzen führt. Die Vererbung teleologischer Qualitäten und Dispositionen beruht aber jedenfalls auf komplizierteren Zusammenhängen als die individuelle Teleologie; wenn dieses so induktive Zeitalter über die Herkunft der Teleologie Hypothesen auf Hypothesen häuft, so ist das nichts Anderes, als wenn die Stöchiometrie von der Geologie, die Mechanik von der hypothetischen Geschichte der Himmelskörper hätte ausgehen wollen. Die letztgenannte, so oft als methodisches Vorbild angeführte Wissenschaft konnte erst dann sichere Schlüsse auf Vergangenes machen, als sie am Gegenwärtigen durch Induktion sichere Gesetze gewonnen hatte. Sie konnte die Erscheinung der Gravitation an einem vom Baume fallenden Apfel beobachten; derselbe Apfel, seiner Zusammensetzung nach studiert, bietet das typische Material für induktive, individuelle, normale Teleologie.

Die Vermischung der Teleologie mit der Descendenzlehre widerstreitet der Forderung der Methodik, die Probleme so zu formulieren, dass nicht die Beantwortung anderer, gleichfalls noch unentschiedener Fragen vorausgesetzt wird. Selbst wenn aber die Descendenzlehre keinen hypothetischen Charakter hätte, so könnte sie doch ihrem Wesen nach die Teleologie unmöglich ableiten oder erklären; denn diese ist nicht ein Gegenstand, der von einem Geschlechte vor so und so viel Jahrtausenden erworben und dann an die Nachkommen vererbt worden ist, sondern vielmehr eine Form von Naturgesetzen, welche an der Amoebe so gut vorliegt wie am Menschen. Auch die Herstellung eines Organismus aus Anorganischem würde nicht, wie viele meinen, diese Auffassung verändern: es ist ein bekannter und häufiger Denkfehler, anzunehmen, dass an einem Komplex keine anderen Eigenschaften bestehen könnten als an seinen Komponenten. Während die Scheinempirie von einer Konstruktion aus hypothetischen Komponenten auszugehen pflegt, beginnt die wirkliche mit Beschreibung der gegebenen Komplexe.

Kaum irgend eine allgemeine Theorie der Lebenserscheinungen ist aufgetreten, die nicht mit speziellen Hypothesen zur „Erklärung“ verbunden gewesen wäre. In der am meisten fortgeschrittenen empirischen Wissenschaft, der Physik, hat man längst aufgehört, in einem einzelnen Buche die Lösung aller Probleme geben zu wollen; in Wissenschaften, welche während der letzten Jahrzehnte einen grossen Fortschritt gemacht haben, der Psychologie und der Nationalökonomie, ist gleichzeitig

diese Prätension aufgegeben worden; und in der Biologie wird man sicherlich bald zu der Forderung gelangen: eine allgemeine Theorie der Lebenserscheinungen, die auf unzählige und unanfechtbare Data gegründet ist, im einzelnen aber Bildung der Hypothesen durch die Einzelforschung. Wenig ist ja damit erreicht, dass sich der einzelne nach dem ihm zugänglichen Material möglichst abschliessende Anschauungen bildet; vielmehr thut not

Konstatierung des Sicheren
Formulierung der Probleme
Angabe der Lösungsmethoden.

Es gibt aber auf teleologischem Gebiete natürlich wie auf jedem andern eine berechtigte Deduktion. Von einer solchen wird man hier wie überall verlangen, dass sie von einem genügend fundierten Obersatz ausgeht und dass sie Schlüsse aus diesem im einzelnen prüft, verifiziert. Als berechtigten Obersatz wird man nicht die Hypothese einer idealen Vollendung der Organismen, wohl aber zum Beispiel die Annahme gelten lassen, dass im allgemeinen die normalen Organe des Körpers eine teleologische Bedeutung haben, wenigstens zu irgend einer Lebenszeit.

So ist es durchaus berechtigt, nach dem Nutzen der Milz, der Schilddrüse zu fragen, oder, wie es HELMHOLTZ thut, nach dem Nutzen der Schnecke (Die Lehre von den Tonempfindungen, 4. Auflage, 1877, Seite 238 ff.).

Die Prüfung von Hypothesen kann, wie das folgende Beispiel zeigt, in mannigfacher Weise stattfinden.

In der hier als Beispiel teleologischer Deduktion folgenden Untersuchung über den Sipho der Tetrabranchiaten habe ich die sieben besprochenen Hypothesen durch Zahlen in [ ] bezeichnet.

ZITTEL, Handbuch der Palaeontologie II 1885 (Seite 348 f.): „Über die *physiologische Bedeutung* des Sipho sind die mannigfachsten Hypothesen aufgestellt worden. [I.] Ältere Autoren, wie HOOKE (1696) und BREYN, betrachteten ihn als hydrostatischen Apparat, um abwechselnd Luft und Wasser in die Kammern zu pumpen; eine Hypothese, welche in der soliden Structur der Siphonalhüllen und der Duten ihre Widerlegung findet. [II.] Ebensowenig ist die von BUCKLAND dem Sipho zugeschriebene Fähigkeit, sich zu erweitern und mit Flüssigkeit zu erfüllen, um das Gewicht der Schale zu vermehren, mit seiner Beschaffenheit vereinbar. [III.] WAHLENBERG, SAEMANN und J. HALL glaubten in gewissen, weiten Siphonen einen Brutapparat erkennen zu dürfen, worin sich die Jungen bis zu einer gewissen Grösse entwickeln. Zu dieser Vermuthung gab das Vorkommen von kleinen Orthocerasschalen, die öfters in den Siphonen grösserer Arten stecken, Veranlassung; indess durch die Beobachtung BARRANDE's, dass die kleinen Schalen zuweilen zu ganz verschiedenen Arten gehören, ist diese Hypothese widerlegt. [IV.] Nach QUENSTEDT, SEARLES WOOD und EDWARDS hat der Sipho das Absterben der Luftkammern zu verhüten. KEFERSTEIN stellt sich diese Function in der Weise vor, dass der Sipho, ähnlich wie die hintere Oberfläche des Körpers, Luft absondere und dadurch die in den Kammern durch Diffusion verloren gegangene Luft beständig erneuere. Ob aber eine derartige Fähigkeit z. B. jenen Ammoniten - Siphonen zugeschrieben werden kann, welche von einer soliden Kalkröhre umgeben sind, scheint mir sehr zweifelhaft; sie ist jedenfalls undenkbar, wenn der Sipho durch kalkige Ablagerungen verstopft wurde, oder wenn er wie bei Endoceras aus zahlreichen ineinander steckenden, hinten geschlossenen Trichtern besteht. Es ist auch schwer einzusehen, welchen Einfluss die Zufuhr von Luft auf das Frischbleiben oder Absterben der Schale haben soll.

[V.] „Dass der Sipho kein Muskelstrang zum Zurückziehen des Thieres in die Schale sein kann, wie BLAINVILLE meinte, geht aus seiner ganzen Structur hervor. [VI.] Leopold von BUCH betrachtete ihn als Haftorgan zur Befestigung des Thieres. Zu diesem Behufe besitzen jedoch die Tetrabranchiaten in den Haftmuskeln ein viel wirksameres Organ. Auch wäre der dünne, auf der Externseite gelegene Sipho der Ammoniten wenig geeignet, ein Thier festzuhalten, das zuweilen, wie aus der Wohnkammer geschlossen werden darf, ansehnliche Grösse besass. [VII.] Da für den Sipho eine bestimmte physiologische Function mit Sicherheit nicht ausfindig gemacht werden kann, so lässt sich seine Anwesenheit vielleicht eher aus der Entwickelung des Thieres erklären. In der That erscheint es nicht unwahrscheinlich, dass der Embryo, nachdem er die erste Kammer gebildet hatte, sich nicht mit der ganzen hinteren Oberfläche des Körpers von der ersten Scheidewand ablöste, sondern durch eine Ausstülpung des Mantels mit derselben in Verbindung blieb. Durch das langsame Vorrücken des Thieres erhielt diese Ausstülpung eine röhrige Beschaffenheit; sie wandelte sich nach und nach in den Sipho um, der somit nur als ein Überrest des Visceralsackes zu betrachten wäre und ursprünglich sämmtliche vom Sipho durchzogene Kammern successive ausgefüllt hätte."

Unter allen Umständen hypothetisch sind, ebenso wie auf kausalem Gebiet, unsere Vorstellungen von den auf unendlich kleinem Raum herrschenden Coexistenzen und den in unendlich kleinen Zeiten stattfindenden Successionen; es wurde das schon bei Besprechung der teleologischen Mikroskopie hervorgehoben. Die Methode ist hierbei dieselbe wie bei den entsprechenden Schlüssen der Physik.

Unter die deduktiven Methoden fällt auch die Anwendung der ‚Teleologie als Hilfe'. So möchten wir Schlüsse von teleologischen Zusammenhängen auf aetiologische bezeichnen. Der Ausdruck, „Teleologie als heuristisches Prinzip" wird vielfach in einem sehr unbestimmten Sinne, oft auch identisch mit deduktiver Teleologie überhaupt gebraucht; es braucht kaum hervorgehoben zu werden, dass Deduktionen aus teleologischen Annahmen nur dann Wert haben, wenn diese richtig sind, dass also unmöglich die Teleologie, „nur heuristisches Prinzip" sein kann. Vielmehr liegt, wie schon in § 7 angedeutet, in einer solchen heuristischen Verwendung die Anerkennung einer teleologischen Naturordnung. Existiert diese, so steht natürlich nichts im Wege, aus ihren Gesetzmässigkeiten Schlüsse zu machen auf kausaldeskriptive Coexistenzen und Successionen.

So haben wir oben (Seite 46) angeführt, dass die Blattgestalt fossiler Pflanzen einen Schluss erlaubt auf klimatische Verhältnisse; in den ebendort zitierten Untersuchungen STAHL's findet sich ein Hinweis darauf, dass die Form der Blätter auch Schlüsse auf die Herkunft mancher Pflanzen ermöglicht. Beides sind Deduktionen mit teleologischem Ausgangspunkt und einem Ergebnis, das nicht auf teleologischem Gebiete liegt. Überhaupt ist es in der Botanik und der Palaeophytologie ganz üblich, teleologische Schlüsse von der Struktur auf den Standort zu machen, in der Palaeozoologie aus der Organisation auf die Umgebung. Auch FICK's oben (Seite 36) angeführte Beurteilung einer Erklärung des Akkommodations-Mechanismus gehört hierher.

Als mögliche Anwendungsgebiete der ‚Teleologie als Hilfe' seien ferner aufgeführt: Ermittelung der chemischen Vorgänge an wenig bekannten organischen Stoffen, zum Beispiel der Nervensubstanz; Aufsuchung kleiner Teile eines Organismus; Bestimmung des Wohnortes, zum Beispiel eines Schmetterlings, nach Färbung und so weiter; Ermittelung der Verknöcherungszeit eines embryonalen Knorpels; ferner aber auch Unterstützung bei der Analyse physikalischer und chemischer Agentien durch biologische Reaktionen; endlich Hilfe bei der Hypothesenbildung über aussermenschliches psychisches Leben.

Wir schliessen diesen Paragraphen mit der Bemerkung, dass die Gefahr einer schlecht begründeten und schlecht kontrollierten Deduktion bei unserer Materie wie bei jeder andern dann am sichersten vermieden wird, wenn man erstens bei Hypothesen stets im Gedächtnis behält, dass sie Hypothesen sind, und wenn man sich zweitens stets so genau wie möglich ihren Wahrscheinlichkeitsgrad vergegenwärtigt.

§ 19.

Anwendung der Mathematik.

Der hohe Wert der Mathematik als Hilfswissenschaft ist so allgemein anerkannt, dass es kaum einer besonderen Rechtfertigung bedarf, wenn ihrer Anwendung hier eine Stelle neben den beiden grossen methodischen Klassen der Induktion und Deduktion angewiesen wird, trotzdem diese Anwendung teils der induktiven, teils der deduktiven Forschung zufällt.

In einfachster Form liegt ja eine Anwendung der Mathematik bei jedem Messen und Zählen vor, und insofern in den Naturwissenschaften bei der Mehrzahl aller Untersuchungen; vielleicht sind aber bis jetzt die meisten Anwendungen als solche zu bezeichnen, auf die mehr die zufällige Beobachtung als eine eigentliche mathematische Methode geführt hat. Die Anwendung, welcher hier das Wort geredet werden soll, könnte als ‚systematische‘ bezeichnet werden. Wir sehen auf der einen Seite die empirischen Wissenschaften von der Beobachtung, auf der andern Seite die mathematischen von Definitionen ausgehen. Das System der existierenden Definitionswissenschaften verdankt seine Anwendbarkeit dem Umstande, dass seine Objekte Grössenverhältnisse sind, die es möglichst erschöpfend darzustellen sucht, und es kommt der Anwendung entgegen durch Exemplifikation der reinen Grössenverhältnisse auf Räumliches. Sache der empirischen Wissenschaften dürfte es sein, jedes ihrer beobachteten quantitativen Verhältnisse zusammenzuhalten mit den dort definierten. Zu solch systematischer Anwendung ermutigen unter anderm das DULONG-PETIT'sche Gesetz, die Einführung der Infinitesimalrechnung in die Elektricitätslehre, der Erfolg von MENDELEJEFF und LOTMEYER, das WEBER-FECHNER'sche Gesetz.

Bei der Konstatierung einer teleologischen Naturordnung konnten wir uns auf ein, jeder genauen Abmessung entzogenes und insofern unübersehbares Erfahrungsmaterial stützen. Hier erscheint eine Prüfung der Frage „Zufall oder Notwendigkeit?“ mit Hilfe der Wahrscheinlichkeitsrechnung als überflüssig. Umsomehr ist Anwendung dieser Rechnung, der Fehlertheorie und der statistischen Methoden bei den einzelnen Problemen geboten. Wie überall wird ein empirisch gegebenes Grössenverhältnis auf eine Gesetzmässigkeit mit um so grösserer Wahrscheinlichkeit hinweisen, je näher es einem ‚speziellen Falle' der Mathematik kommt. Ein solcher spezieller Fall liegt im folgenden Beispiele vor.

Wir haben unter den Typischen Thatsachen des zweiten Kapitels die Architektur der Spongiosa angeführt. G. H. MEYER, der dort zitierte Autor, hat sich mit der Methode der Vergleichung seine Anschauungen gebildet. Derselbe Gegenstand hat eine Untersuchung nach der mathematischen Methode erfahren. Wir führen diese Untersuchung als Beispiel für die Anwendung der Mathematik an mit der Einschränkung, dass hier nicht eine systematische Anwendung, sondern ein glücklicher Zufall vorliegt. Über letzteren berichtet JULIUS WOLFF in Virchows Archiv, Bd. L, 1870 (Seite 401): „Es muss als ein ganz ausserordentlich hohes Glück für die Wissenschaft bezeichnet werden, dass Prof. CULMANN vom Züricher Polytechnicum, der berühmte Verfasser des ausgezeichneten Werkes über die graphische Statik, in der naturforschenden Gesellschaft zu Zürich die Präparate MEYER's zu sehen bekommen hat. Ohne diesen glücklichen Umstand würde man möglicherweise noch lange Zeit hindurch in der kostbaren Entdeckung MEYER's nichts als eine artige, aber bedeutungslose Spielerei der Natur gesehen haben.

„CULMANN bemerkte sofort beim Anblick jener Präparate, dass die spongiösen Bälkchen an vielen Stellen des menschlichen Körpers genau in denselben Linien aufgebaut seien, welche die Mathematiker in der graphischen Statik an Körpern entwickeln, die ähnliche Formen haben, wie die betreffenden Knochen, und ähnlichen Kräfteeinwirkungen ausgesetzt sind wie diese. Er zeichnete nun einen Krahn, d. i. einen gebogenen, zum Heben oder Tragen von Lasten bestimmten Balken, dem er die Umrisse des oberen Endes eines menschlichen Oberschenkels gab, und bei dem er eine, den Verhältnissen beim Menschen entsprechende Belastung annahm. In diesen Krahn liess er unter seiner Aufsicht die sog. Zug- und Drucklinien von seinen Schülern hineinzeichnen. Und mit welchem Ergebniss! Es zeigt sich, dass diese Linien in allen Punkten dieselben sind, welche die Natur am oberen Ende des Oberschenkels durch die Richtungen, die sie hier den Knochenbälkchen gegeben, in Wirklichkeit ausgeführt hat."

Ferner ist an die Ermittlung ähnlicher Thatbestände auf botanischem Gebiete durch SCHWENDENER und andere zu erinnern.

Hier wurde ein biologischer Thatbestand zusammengehalten mit räumlichen Verhältnissen, welche die Mathematik für ein bestimmtes Anwendungsgebiet, die Technik, entwickelt hat. Eine Darstellung solcher dreigliedriger geometrischen Beziehungen, wie sie die Teleologie der Natur erwarten lässt, könnte der biologischen Forschung entgegenkommen und die Möglichkeit einer nicht zufälligen, sondern systematischen Anwendung erhöhen. Allerdings ist, wenigstens teilweise, die Mathematik in dieser Richtung bereits ausgebildet, infolge der Bedürfnisse der Technik. So müssen wir annehmen, wenn die Hypothese aufgestellt ist, dass ein Stoffteilchen *a* teleologisch zum Schutze eines Stoffteilchens *b* sich verhalte, bei einem auf *b* ausgeübten Druck werde eine solche Umlagerung von *a* stattfinden, dass der Druck in minimaler Weise auf *b* gelangt; also eine Umlagerung ihrem Resultate nach entsprechend den Konstruktionen der Technik, welche angewandt werden, um einen Druck in minimaler Weise zur Geltung gelangen zu lassen. Sache der messenden Beobachtung ist es, diesen Schluss aus unserer Hypothese über die Aufgabe von *a* zu verifizieren, das heisst zu prüfen, ob die thatsächliche Umlagerung in der angegebenen Weise stattfinde. Jede Lehre lässt sich ja mathematisch ausbilden; methodisch berechtigt ist die Anwendung der Mathematik in den Erfahrungswissenschaften dann, wann sie in ständigem Anschluss an die Erfahrung geschieht; entweder induktiv ausgehend von Beobachtungen, oder deduktiv hinführend zu Schlüssen, die eine Prüfung durch Beobachtung und Experiment zulassen.

Mit den funktionellen Beziehungen der Arithmetik auf der einen Seite, müssten andrerseits empirische Zahlenverhältnisse der Teleologie zusammengehalten werden; ein solches zu finden könnte man etwa erwarten, wenn das Tempo des Heilens verglichen wird mit anderen Faktoren, also eine exakte Bestimmung dessen erzielt würde, was man als mehr oder weniger gute „Natur“ bezeichnet, wie denn überhaupt die meisten Anwendungen des Wortes Natur in dem Masse einen schärferen Sinn erhalten, als die Teleologie genauer bekannt wird.

Wiesner (Photometrische Untersuchungen auf pflanzen-physiologischem Gebiete, Sitzungsberichte der Wiener Akademie, Mathematisch-Naturwissenschaftliche Classe, Band CII, Abtheilung I, 1893, Seite 291 und folgende und Band CIV, Abtheilung I, 1895, Seite 605 und folgende) hat durch Messung der Belichtungsverhältnisse und der Lichtwirkungen unter anderm gefunden: „Der factische Lichtgenuss einer Pflanze entspricht in der Regel ihrem optimalen Lichtbedürfniss. Die Pflanze sucht die Orte der für sie günstigsten Belichtung auf.“ (Zweite Abhandlung, Seite 710).

Ein wichtiges Anwendungsgebiet deduktiver Rechnung ist, wie schon in den §§ 12 und 18 hervorgehoben wurde, die Teleologische Mikroskopie. Nicht anders ist eine Untersuchung derselben denkbar, als durch Anwendung der Infinitesimalrechnung.

Hier ist wieder auf das schon genannte Werk von Leber, Die Entstehung der Entzündung, hinzuweisen und zwar auf die durch F. Klein ausgeführte Berechnung zum Vergleich mit der Bahn der am Orte des Entzündungsreizes sich anhäufenden Leukocyten (Seite 435 und folgende).

Wir werden uns die Stoffumlagerung der unendlich kleinen Teile eines sich teleologisch verändernden Stoffes und die in unendlich kleinen Zeiträumen vor sich gehenden Teile eines teleologischen Vorganges wohl der Richtung nach als gleichfalls teleologisch denken müssen; so dass also eine räumliche oder zeitliche Analyse als das Element teleologischer Körpervorgänge das teleologische Inkrement ergäbe. Unter Betonung der Thatsache, dass, während das Schema am Schlusse des II. Kapitels ein induktiv gewonnenes war, das hier folgende ein deduziertes ist, schliessen wir diese Betrachtung mit der Formel für das teleologische Inkrement:

$$\Delta M = f\ (A, S).$$

Zum Schlusse dieses Überblickes über die Methoden der Teleologie sei noch Folgendes bemerkt. Die teleologische Wissenschaft ist völlig unabhängig von der Frage, ob irgendwo und irgendwann durchaus dysteleologische Welten existiert haben, so gut wie die aetiologischen Wissenschaften von der Frage unabhängig sind, ob es irgendwo und irgendwann dysaetiologische Welten gegeben hat.

Wenn die unserer Erfahrung gegebene teleologische Naturordnung ein Spezialfall ist, wenn unendlich viele vorhergegangene, gleichzeitige und nachfolgende „Fehl-Weltbildungen" existieren, so ist es eine Aufgabe der menschlichen Wissenschaft, die speziellen Gesetzmässigkeiten der einen nicht verfehlten Welt, nämlich der unsrigen, zu studieren. Diese Aufgabe darf man sogar wohl als eine Hauptaufgabe bezeichnen.

Schluss.

ÜBER DIE ZUKUNFT

DER

BIOLOGISCHEN WISSENSCHAFTEN.

§ 20.

Probleme der Zukunft.

Wir haben die Thatsachen reden lassen. Sie zeigen das, was in vielen naturwissenschaftlichen Kreisen seit langem ein offenes Geheimnis ist: die durch kein Kausalgesetz zu erklärenden Gesetzmässigkeiten der biologischen Teleologie. Aber die genauere Formulierung dieser Gesetzmässigkeiten weist zugleich den Weg zu ihrer Erklärung: die wissenschaftliche Teleologie.

Eine „teleologische Frage" existiert für die theoretischen Wissenschaften so wenig wie eine „soziale Frage" für die praktischen; dem wissenschaftlichen Verstande stellen sich die Probleme wohl selten in solcher Einfachheit dar, dass eine Antwort mit ja oder nein denkbar ist, sondern, der Natur in ihrer Mannigfaltigkeit nachgehend, will er das ‚Wie' der Erscheinungen erkennen. So wird meiner Überzeugung nach die methodische Erforschung der teleologischen Naturgesetze Jahrhunderte beschäftigen.

Es scheint, dass in der biologischen Forschung eine Periode ihrem Ende entgegengeht. Das Verdienst dieser Periode kann man wohl darin erblicken, dass sie versucht hat, so weit als möglich mit rein kausalen Erklärungen zu kommen, hierbei bleibend Wertvolles geleistet und da, wo sie irrte, durch ihren Irrtum die Grenzen der Kausalerklärung aufgedeckt hat. Wenn man denkt, dass die erst in der neuesten Zeit auf Biologisches, und zwar fast ausschliesslich auf kausale Probleme angewandte Exaktheit, um deren Ausbildung unter den Naturwissenschaften wohl zumeist die Physik, insbesondere die Mechanik sich verdient gemacht hat, wenn man denkt, dass diese Exaktheit immer mehr den alten Problemen der Teleologie zugewandt werden wird, so kann man wohl nicht umhin, eine Blütezeit der Biologie und der von ihr abhängenden praktischen Wissenschaften zu erhoffen.

Nachdem einzelne Probleme bereits im III. Kapitel von sachlichen und im IV. Kapitel von methodischen Gesichtspunkten aus formuliert worden sind, sei es gestattet, zum Schlusse einiges über solche Problemgruppen zu sagen, die infolge unserer Beschränkung auf das Sichere und unseres Anschlusses an das bereits Geleistete im Verlauf der Untersuchung gar nicht oder nur nebenbei erwähnt werden konnten. Hiermit sollen keine erschöpfenden Prognosen der teleologischen Wissenschaften gegeben, sondern nur Beispiele aus ihrem unendlichen Stoffgebiete vorgeführt werden.

Auf physiologischem Gebiete haben die gewaltigen Fortschritte der Lehre vom Stoffwechsel mit jeder Erweiterung unseres aetiologischen Wissens neue teleologische Probleme gebracht. Als allgemeinstes teleologisches Problem der physiologischen Chemie kann die Frage bezeichnet werden: warum enthalten die Organismen diese und diese Elemente, solche und solche Verbindungen und warum haben die einzelnen Körperteile die ihnen eigene chemische Zusammensetzung? Es sei im übrigen nur noch auf die so merkwürdigen Beziehungen der sogenannten sekundären Geschlechtsmerkmale zum Geschlechtsleben und auf die, auch für die Medizin höchst wichtige Teleologie der verschiedenen Ausscheidungen des Körpers hingewiesen.

Neuere Forschungen lassen vermuten, dass der Schweiss ein ausgezeichnetes Beispiel teleologischer Komplikation (Siehe oben § 11) darbietet; dann hätte selbst Bunge, der, wie wenige, die physiologische Teleologie zu ergründen sucht, sie in diesem Punkte unterschätzt, als er in der ersten Auflage seines Lehrbuchs der physiologischen und pathologischen Chemie, 1887, (Seite 267) sagte: „Ueber die chemische Zusammensetzung des Schweisses wissen wir nichts Sicheres, und es liegt vorläufig kein Grund vor, der Schweisssecretion eine andere Bedeutung zuzuschreiben, als die der rein physikalischen Wirkung bei der Wärmeregulirung.“

Für die biologischen Naturwissenschaften insgesamt wichtig sind die durch die Entwicklungsgeschichte angeregten teleologischen Fragen; so diejenige, ob und wie sich bezüglich der Vererbung unterscheiden die durch Anpassung, also als zweites Glied eines teleologischen Zusammenhanges erworbenen und die anderweitig (ateleologisch) erworbenen Eigenschaften.

Ein allgemeiner Überblick über die teleologischen Probleme, geordnet nach dritten Gliedern, zeigt folgende Klassen:

I. Onto-Teleologie (die dritten Glieder Zustände des Individuums).

II. Phylo-Teleologie (die dritten Glieder Zustände der direkten Nachkommenschaft).

III. Sexual-Teleologie (die dritten Glieder Zustände von Angehörigen des anderen Geschlechts derselben Art).

IV. Gregi-Teleologie (die dritten Glieder Zustände von Angehörigen einer Gemeinschaft, etwa bei Bienen und Ameisen).

V. Universell-organische Teleologie (die dritten Glieder Zustände andersartiger Organismen, zum Beispiel zwischen Pflanzen einerseits und Insekten andrerseits).

Durchgehends haben wir uns auf die Klassen I und II beschränkt, und heben hier nochmals hervor, dass zwischen II und III der grosse Schritt vom Sichern zum Hypothetischen, vom Empirischen zum Spekulativen gemacht wird. Während es bei Onto- und Phyloteleologie sich nur darum handeln kann, wo und wie weit, aber nicht, ob sie existieren, müsste bei den weiteren Klassen überhaupt erst ihre Realität nachgewiesen werden; dass Angehörige des andern Geschlechtes, der Genossenschaft und sehr häufig auch anderer Arten Einfluss auf teleologische Vorgänge haben, steht ja fest, aber nur insofern als jene anderen Organismen den äusseren Faktor des ersten Gliedes, als sie einen Teil der äusseren Umstände bilden. Die Annahme also, dass Einrichtungen und Vorgänge in teleologischer Relation zu andern Lebewesen als dem Individuum und der direkten Nachkommenschaft stehen, kann in dieser prospektiven Betrachtung nicht als voraussichtlicher Bestandteil einer künftigen Biologie bezeichnet werden.

Der Vollständigkeit wegen sei noch erwähnt, dass nach der oben (Seite 56) gegebenen Definition von Organisch die Frage nach teleologischen Gesetzen in der Soziologie zusammenfällt mit der Frage: kann ein Volk, kann eine Produktionsgenossenschaft in irgendwelchem Sinne als Organismus betrachtet werden? Auch dieses Problem liegt, wie überhaupt jede Frage nach einer über das Individuum und dessen Nachkommenschaft hinausreichenden oder gar kosmischen Teleologie ausserhalb des Bereiches der vorliegenden Untersuchung.

Die Beobachtung des Tierlebens, die infolge der physikalisch-chemischen Zeitrichtung neuerdings etwas zurückgetreten ist, würde gleichzeitig Physiologie und Tierpsychologie fördern, wie auch Einzeluntersuchungen über das Verhältnis des normalen und anomalen Geschlechtssinnes zur Propagation verschiedenen Wissenschaften zu gute kommen würden. — Als eines der allgemeinsten teleologischen Probleme der Psychophysik sei dieses namhaft gemacht: warum wirken unter den Bewegungen der Aussenwelt gerade diese als Empfindungsreize?

Auf rein psychologischem Gebiete erhebt sich die bedeutungsvolle Frage: ist der Vorgang der künstlerischen Konzeption ein in sich und in Bezug auf das produzierende Individuum teleologischer oder findet die künstlerische Produktion nach den im normalen Seelenleben herrschenden Gesetzen statt, so dass nur ein quantitativer Unterschied in der Beanlagung des Künstlers gegenüber der des Nichtkünstlers anzunehmen wäre? Anders gesprochen: wächst das Kunstwerk so wie ein Organismus wächst, sodass also ein neu auftauchender Bestandteil zu dem bereits Vorhandenen als zweites Glied eines teleologischen Zusammenhanges hinzutritt, dessen drittes Glied das vollendete Kunstwerk wäre, und ist etwa dieses Ganze, welches wir dann als organisch bezeichnen dürften, wiederum ein Organ, teleologisch zu irgend welchem Folgezustand des produzierenden Seelenlebens, oder liegen im Gegenteil bei der Entstehung eines Kunstwerkes, seiner Teile und seines Ganzen, nur zweigliedrige Zusammenhänge vor, so dass die im normalen Vorstellungsverlauf herrschenden Gesetze der Ideenassociation auch hier eine Erklärung bieten?

Beide Anschauungen haben neuerdings Vertreter gefunden. Zwei der berühmtesten modernen Naturforscher sind der teleologischen Hypothese beigetreten. Maudsley, Physiologie und Pathologie der Seele (übersetzt von Boehm) 1870 (Seite 32 ff.), Pflüger, Die teleologische Mechanik der lebendigen Natur, 2. Auflage 1877 (Seite 34). Ein berühmter Philosoph hat die entgegengesetzte These zum Gegenstand einer eigenen Schrift gemacht. Franz Brentano, Das Genie. 1893.

Die Entscheidung wird auch hier durch die Erfahrung herbeigeführt werden. Insbesondere dürfte eine Zusammenstellung der Selbstbeobachtungen von Künstlern und eine Analyse dieser Beobachtungen erforderlich sein, um eine gesicherte Theorie des künstlerischen Konzipierens zu ermöglichen.

§ 21.

Angewandte Teleologie.

Es war im vorliegenden Buche fast ausschliesslich von theoretischen Wissenschaften die Rede; auf die praktischen soll nun zum Schlusse auch noch ein Blick geworfen werden.

Durch eine exakte Teleologie würde ein Hilfsmittel für die Technik so gut wie neu entstehen: angewandte Biologie. Die Zeit wird es erhärten, dass von der genauen Kenntnis allbekannter organischer Konstruktionen, wie der Austernschale, des Schneckenhauses, des Hirschgeweihes auch in dieser Richtung Resultate zu erwarten sind. Zur technischen Verwertung einer pflanzen-anatomischen Konstruktion ist bereits vor Jahrzehnten die Anregung gegeben worden, von SCHWENDENER in seiner oben angeführten Arbeit Das mechanische Princip im anatomischen Bau der Monocotylen (Seite 175). Eines der grössten technischen Probleme der Gegenwart, die Erfindung des lenkbaren Luftschiffes, wird vielleicht am ehesten durch das Studium des Fliegens und Segelns der Vögel seiner definitiven Lösung entgegengeführt werden.

Die Medizin scheint mir das wichtigste Anwendungsgebiet teleologischer Erkenntnisse zu sein. Ganz ohne solche ist wohl kaum je irgend eine ärztliche Behandlung vorgenommen worden. Dass der Appetit unter Umständen einen diagnostischen, zuweilen auch einen prognostischen Wert hat und manches Andere ist wohl immer berücksichtigt worden. Auch bei dem Chirurgen erregte stets — wie LISTER es bei Eröffnung der British Association 1896 in Liverpool ausgesprochen hat — eine ununterbrochen vor sich gehende Vernarbung durch Granulation, ferner die Harmonie der Elemente unseres Körpers Bewunderung. Aber wenn man ‚Gesundheit' als Fähigkeit, teleologisch zu reagieren, definiert, so wird man auf Grund der methodischen Regel, dass jede praktische Wissenschaft derjenigen theoretischen beizuordnen ist, der sie die meisten Daten zu entnehmen hat, zu dem Satze gedrängt: die *Heilkunde ist eine zur teleologischen Biologie gehörige Praktische Wissenschaft.*

Hierbei ist nochmals hervorzuheben, dass Krankheitsvorgänge teleologisch für Bakterien, für einen Parasiten und dysteleologisch für den kranken Organismus sein können; ferner aber auch, dass viele Vorgänge teleologisch für Ein Organ, dysteleologisch für ein anderes sind; ist letzteres ein lebenswichtiges Organ, zum Beispiel das Herz, so ist es möglich, dass jener teleologische Vorgang bei ungehindertem Verlauf den Tod herbeiführen würde, der Arzt also in die Lage kommt, einen teleologischen Vorgang verhindern oder abschwächen zu müssen. Somit ist der Heilkunde mit allgemeinen Betrachtungen über Naturheilkraft und Naturheilmethode nicht gedient, sondern nur mit teleologischer Spezialforschung unter ständiger Beachtung der differenten dritten Glieder.

Im Jahre 1892 erschien ein Buch, dessen Titel einen Aufbau der Heilkunde auf teleologischer Basis verheisst: FRÖHLICH, Das natürliche Zweckmässigkeitsprinzip in der Pathologie und Therapie. Grundlage und Ziel der Therapie vom teleologischen Standpunkte. (2. Auflage 1894). Dass der Verfasser einer Teleologie huldigt, auf welche eine wissenschaftliche Behandlung therapeutischer Probleme kaum zu gründen sein möchte, zeigen die Anfangssätze eines Aufsatzes, den er, kurz nach Erscheinen seines Buches, über denselben Gegenstand und unter demselben Titel in die Zeitschrift Hygieia (VI 2, 1892) schrieb: „Wohin wir immer unsere betrachtenden Blicke richten, sei es in die unermessliche Ferne des gestirnten Himmels, sei es auf das Regen und Weben der kleinen Welt zu unseren Füssen, immer und überall drängt sich ein Gesetz uns auf, das uns mit demüthiger Bewunderung erfüllt gegenüber der Kraft und Weisheit, die alles Werden und Geschehen durchdringt, das Gesetz der höchsten Zweckmässigkeit in der Natur. Dieses wunderbare Ineinandergreifen aller Naturgewalten voll ewiger Harmonie, dieser unaufhörliche Kreislauf von Stoff und Kraft von der anorganischen zur organischen Welt und von dieser wieder zu jener, überall belebend und erregend, künden sie nicht einen Organismus von höchster Vollkommenheit, in welchem ein Glied in das andere sich fügt und die Summe der Glieder zu einer Kette ohne Anfang und ohne Ende sich zusammenschliesst! Kein Stäubchen kann verloren gehen, immer wieder findet es seinen Platz und seine Bestimmung in dem ewigen Entstehen und Vergehen der natürlichen Gebilde! Und die höchsten dieser Gebilde, die lebenden Wesen? Ein Theil des Ganzen, haben auch sie Theil an seiner Vollkommenheit und inneren Zweckmässigkeit, die hinzielt auf möglichste Sicherung aller individuell berechtigten Lebensäusserungen in den Grenzen, die nach Raum und Zeit allem Irdischen gezogen sind.“

Dagegen sind einige Methoden der modernen Medizin auf induktive Teleologie gegründet. Wir erwähnten schon, dass die hypnotische Suggestion die willkürliche Setzung dritter Glieder ermöglicht. Bewegungskuren, Lageveränderungen eines Gliedes, Massage und so weiter führen durch fortgesetzte Veränderungen eines ersten Gliedes Anpassungen des Organismus herbei. Vor allem aber ist hier die Serumtherapie zu erwähnen, welche durch Organismen teleologische Media produzieren lässt.

Vgl. insbesondere BEHRING, Gesammelte Abhandlungen zur aetiologischen Therapie von ansteckenden Krankheiten. 1893. BEHRING selber macht (auf Seite 365 des zweiten Teils) die Bemerkung, dass die Serumtherapie ein teleologisches Verfahren ist, mit den Worten, er würde den möglicherweise noch zu machenden Vorwurf nicht scheuen, dass seine Heilmethode eine Art von Naturheilungsmethode sei; „diese Charakteristik“ so fährt er fort „dürfte sogar ziemlich zutreffend sein, wenn man berücksichtigt, dass mein Mittel genau dasselbe ist, dessen der lebende Organismus von selbst sich bedient, wenn er einer Krankheit Herr wird.“

Auf der anderen Seite kann es nicht verborgen bleiben, dass in einem mehr teleologisch denkenden Zeitalter mancher Irrtum vermieden worden wäre. Wenngleich die Untersuchungen über die Bedeutung der Schilddrüse noch nicht abgeschlossen sind, so darf doch gesagt werden, dass man bei gesünderen biologischen Anschauungen minder leicht an die Bedeutungslosigkeit eines Organs geglaubt hätte und wohl nicht zu Schilddrüsenexstirpationen geschritten wäre.

Schon aus allgemeinen Gründen muss man also die, zahlreichen Arbeiten mit dem entgegengesetzten Resultate gegenüberstehenden Versuche H. MUNK's, auf Grund deren er glaubt die Lehre von der lebenswichtigen Bedeutung der Schilddrüse ablehnen zu können, skeptisch aufnehmen; im einzelnen vergleiche man A. v. EISELSBERG's Bemerkungen über diese Versuche (Virchows Archiv Band 153, Heft 1, 1898).

Ebenso hätte THURE BRANDT's Ausdehnung der Massage auf Kosten operativer Eingriffe rascher die Anerkennung erworben, welche sie nun allmählich findet.

Vgl. zum Beispiel JENTZER und BOURCART, Die Heilgymnastik in der Gynaekologie und die mechanische Behandlung von Erkrankungen des Uterus und seiner Adnexe nach THURE BRANDT. Deutsch von DOLEGA. Eingeleitet von SÄNGER. 1895, wo man in der Einleitung des Übersetzers und in den beiden ersten Abschnitten auch Weiteres über Geschichte und Litteratur des Verfahrens findet.

Es ist gar nicht abzusehen, welchen Vorteil es der Heilkunde bieten wird, wenn die teleologischen Gesetze, die man bisher meist nur sozusagen widerwillig bemerkte, um sie sofort zu „erklären“, explicite studiert werden; wenn zum Beispiel in dieser Richtung Excretion und Secretion erforscht, aber auch die Lebensweise der Tiere beobachtet, die menschlichen Instinkte untersucht sind. Manche Teile der Medizin, zum Beispiel die Lehre von den Hautkrankheiten, mussten gegenüber der Chirurgie, welche ihre Daten — wenigstens grossenteils — der kausalen Betrachtung entnehmen kann, zurückbleiben. Vielleicht gehen wir nicht fehl mit der Annahme, dass in der Medizin der Zukunft drei teleologische Methoden eine besonders wichtige Rolle spielen werden:

Teleologische Physiatrie (im weitesten Sinne),
Serumtherapie und
Teleologische Psychotherapie.

Nur die Elemente der Teleologie haben wir darzulegen versucht: die Umrisse dessen, was zu allen Zeiten mehr minder klar als Wesen der lebenden Natur erkannt wurde. Es wurde versucht, die allgemein anerkannten spezifisch biologischen Gesetze auf einen möglichst scharfen Ausdruck zu bringen und auf sie die allgemeine Methodik der Erfahrungswissenschaften auszudehnen; weitere Forschung und Analyse wird auch hier sicherlich zu noch schärferen Formulierungen und infolgedessen zur Vervollkommnung der Methodenlehre führen. Probleme wurden bezeichnet, deren Bearbeitung viele Kräfte erfordern würde; die Teleologie selbst jedoch ist eine Aufgabe der Zukunft. Nur dann wird diese Aufgabe gelöst werden, wenn alle Vertreter der ältern Generation, die unter schwierigsten Umständen an gesunden biologischen Anschauungen festgehalten haben, wenn ferner alle jüngern Forscher, welche eine klare Einsicht in die Unzulänglichkeit der herrschenden Doktrin gewonnen haben, in empirischen, und insbesondere induktiven Einzeluntersuchungen zusammenwirken. Die Gegner aber wird dann besser als Streitschriften und besser als der vorliegende Versuch die Existenz teleologischer Wissenschaften widerlegen.

Sachregister

(soweit nicht bereits die Inhaltsübersicht Auskunft giebt.)

Namenregister.

(Namen, welche nicht von mir, sondern von einem der zitierten Autoren genannt werden, sowie die Namen der Übersetzer, sind nicht aufgenommen).

Zeitfracht Medien GmbH
Ferdinand-Jühlke-Straße 7
99095 Erfurt, Deutschland
produktsicherheit@kolibri360.de